From
EMOTIVE to
LOGICAL

高島敦子

Atsuko Takashima

考える人を育てる言語教育

情緒志向の「国語」教育との決別

新評論

はじめに

いま、日本人、とくに若い世代の思考力低下が、深刻な社会問題となっている。現代の日本人から考える力を奪った元凶は何だろうか。私は、その筆頭に挙げられるのは、伝統的な情緒志向の「国語」教育だと考えている。わが国の「国語」教育の方法論は、日本人の民族性のひとつである《情緒性》と、日本語の《ことば》の語源と考えられている《事《こと》の端《は》》観に、大きな影響を受けながら組み立てられた。《事の端》観とは、人の口から出ることばは事柄の端っこしか伝えていない、肝心のことはことばでは伝えられない、だからことばはあまり重要ではない、という考え方である。そのために、日本では、何がどんな様子で起っているのかや、それについて自分はどのように感じているのか、などを言い表すことばの使い方、すなわち、感情の表現手段としてのことばの使い方は発達したが、何が起っているのかや、自分はそれを見て（あるいは聞いて）何を考えるのか、などを言い表すことばの使い方は発達しなかった。「何が」や「何を」は肝心のことである。わが国では、そのような肝心のことを正確に叙述し、それを他人に伝えることばの使い方、すなわち論理の伝達手段としてのことばの使い方は発達しなかった。

一方、日本人の社会体質は、《権力の偏重》と《ウチソトの区別》だと言うことができる。このふたつの特徴はそれぞれ、身分社会と家族社会を示唆している。日本社会は、このふたつの特徴を合わせ持った家族的身分社会だと言えるだろう。このようなところでは「言挙《ことあ》げ」は禁止され、集団内の秩序は知的な話し合いによってではなく、情緒的な合意によって保たれる。わが国の学校で、「国語」の時間に、相手の言うことを冷静に分析して論駁したり、自分の考えを筋道を立てて述べたりする論理志向の言語訓練が行われてこなかったもうひとつの要因は、わたしたち日本人の社会体質なのである。

自分の頭で考えることができないということは、主体性が欠如しているということである。主体性のないところに批判精神は生まれない。私はこの書物でまず、右で述べた日本人の言語観と言語習慣がもたらした、現代日本の言語状況を批判的に考察する。次に、二一世紀を背負って立つ自覚的な市民を育てるための、新しい言語教育の方法論を展開するつもりである。そのような言語教育と手を携えて行われるべき市民教育についても、いくつかの提言をしたい。この書物を通して私は、言語改革と社会改革は同じ土俵の上で行われなければならない、ということを明らかにしたいと思う。

考える人を育てる言語教育／目次

序論 カタカナ語の氾濫

わたしたち日本人のカタカナ語好きには定評がある。英文学者の故中野好夫氏が、一般誌に掲載された論文で使われていた「ルサンチマン」や「レス・ノーブル」*を、あまりにも難解と言って揶揄したのは二七年も前のことである（『朝日新聞』一九七七年一〇月三一日）。放送研究家の最上勝也氏が「お役所はカタカナ語がお好き」という論文で、一九八二年に地方自治体が実施または計画した事業名に、「センター」「バイパス」「モデル」「コミュニティ」などのカタカナ語が使われているものが全体の二八・五%を占めていることを指摘したのが、二〇年前である（『放送研究と調査』一九八四年八月号）。その後この風潮は、止まるところを知らずに、服飾界、芸能界、その他の一般大衆文化の世界で高まりつづけている（ちなみに三省堂『コンサイスカタカナ語辞典』には約四五〇〇〇語のカタカナ語が収録されている）。

＊中野氏は記事の中で、語義について次のように記している。「ルサンチマン（Ressentiment）を抱く」は「恨み、ひがみを抱く」の意、「レス・ノーブル（less noble）は、「古い名門大学に対し、やや落ちる（駅弁大学ほどでないにしても）大学を意味するらしい」。

五年前の調査では「スキーム」「アカウンタビリティ」「コンセンサス」「ニーズ」「ビジョン」「リスク」「イベント」「メリット」の八語のうち、被調査者の半分以上がその意味がわかると答えたものは「イベント」（五一・二％）と「メリット」（五四・五％）の二語だった。「アカウンタビリティ」がわかったのは二一・三％にすぎなかった（『朝日新聞』一九九九年四月二九日）。また、二年前に行われた別の調査では、認識度と理解度が最も高かったのは「リストラ」でそれぞれ九七％と九三％だった。第二位は「ホームページ」で、それぞれ九五％と八一％だった。「スパイラル」「アスリート」「インフラ」「コンテンツ」は認識度は半分以上（五一％～六二％）だったが理解度は二九％～四二％だった。認識度も理解度もともに半分以下だったのは「ハザードマップ」で、それぞれ四三％と二〇％だった（『毎日新聞』二〇〇二年九月一六日）。

◀写真はすべてDVDジャケットより。左上から；**アメリ**（期間限定スペシャル版）ビデオメーカー／**オール　アバウト　マイ　マザー**　アミューズソフトエンタテインメント／**ペイチェック**　ユニバーサル・ピクチャーズ・ジャパン／**プライベート・ライアン**（スペシャル・リミテッド・エディション）パラマウント・ホーム・エンタテインメント・ジャパン／**マイ・プライベート・アイダホ**　ポニーキャニオン／**パッション**　東宝

いわゆる外来語ではないが、最近わが国のマスメディアに頻繁に登場するカタカナ語に、洋画の題名がある。アメリカやイギリス、その他のヨーロッパ諸国から輸入される映画の題名は、十中八九、原題をそのままカタカナで書き表している。「カサブランカ」や「アメリ」のような固有名詞はさておき、「オール アバウト マイ マザー」や「ペイチェック」などはそれぞれ、「わが母のすべて」や「報酬」のような立派な日本語に翻訳することができる。中には、「プライベート・ライアン」の「プライベート」と「マイ・プライベート・アイダホ」の「プライベート」が全く違う意味なのに、同じ表記が使われているものもある（前者は一等兵または二等兵という名詞、後者は個人的な、私的な、秘密の、という形容詞）。二〇〇四年にアメリカで製作された "The Passion of Christ" という映画は「キリストの受難」という意味だが、日本では「パッション」という題名で上映されている。英語の素養がある人々にとってさえも、その内容が知らされていなければ、これは「情熱」という意味に取られかねない。

わたしたちはふつう、映画の題名を見ればその内容がある程度推測できる。右のようなカタカナ表記の題名は、そのような役割をまったく果たしていないわけである。

ことばの役割は、それを使う人の意志や気持を伝えることである。今、日本の社会に蔓延しているカタカナ語は、一体どの程度その使い手の意志を伝えているのだろうか。右に挙げた二つの調査と、カタカナ表記の洋画の題名に関するかぎり、その確率は非常に低いと言ってよいだろう。私は、この現象はわたしたち日本人の言語観と言語習慣という氷山の一角にすぎないと考えている。日本人の言語観と言語習慣は、その民族性と社会体質に大きく影響されながら成立し、発達した。次章以下で私は、日本人の民族性と社会体質に光を当てながら、この氷山の全貌を明らかにしてみたい。

第一章

日本人の民族性とことば

日本人は情緒的で、受容的で、主体と客体の区別があいまいな民族である（高島善哉『社会科学の再建』新評論、一九八一年、一六二頁）。このような特質は、わたしたちの言語習慣にどのように映し出されているだろうか。まず情緒性から見てみよう。

1

情緒性とことば

「何が」ではなくて「いかに」

『広辞苑』の《ことば》の項には、「人の音声の意味を持っているもの。また、それを文字にあらわしたもの」につづいて、「ものの言い方。口ぶり。語気」「言葉のあや。事実以上に誇張した表現」「文学の表現としての言語。詩歌、とくに、和歌など」という定義が挙がっている。ものの言い方や口ぶりや語気は、そのことばを口にする人の気持を表したものである。「言葉のあや」と「事実以上に誇張した表現」も、話し手の考えや感情をこめた言い方だ。わたしたち日本人はことばを、「何を」伝えるかよりも「いかに」伝えるかに重きをおいて使っていると言えそうである。母親が幼い子どもを叱ったり注意したりするとき、冷静に話していても子どもが言うことをきかないと、声を荒げて「やめなさい！」と一喝する。すると子どもは、母親のことばの意味がわかったからではなく、その語気に恐れをなして、言うことをきくのである。

次に挙げる二人の女性の会話は、「何が」ではなくて「いかに」が話されている典型である。

A　まあ、なんとみごとなお庭なのでしょう！　きれいな芝生が広々としていて、ほんとうにすばらしいですわね。

B　いえいえ。とんでもありません。最近ではもうぜんぜん手入れをしておりませんの

で、以前ほど見栄えがよくないんですのよ。

A　いいえ。そんなふうには見えませんわ。むろん、こんなに広いお庭ですもの。奥さまお一人で管理なさるのは大変なことでしょうけれど。でもいつ拝見しても、ほんとうにきれいですてきですわ。

B　いいえ。そんなことぜんぜんありませんわ。

（Robin Rakoff, *Language and Woman's Place*, Harper & Row, Publishers, 1975. ロビン・レイコフ『ことばと女性の位置』六三頁に引用されたもの。訳は筆者）

これはアメリカの言語学者ロイ・ミラーが、著書 *The Japanese Language*（University of Chicago Press, 1967）の中で、典型的な日本人の女性の会話として挙げているものである。女性のと断わってはいるが、日本人一般の言語習慣の特徴をよくとらえている。

他人の庭を褒めるという社交辞礼的行為は、たしかに男性よりも女性の得意とするところかもしれない。しかし、総選挙のたびにくり返される、候補者の氏名連呼や「〇〇をどうぞよろしくお願いします」などから成る怒号に近い広報活動は、「何を」ではなく「いかに」語っているかのよい例であろう。このような候補者たちの中には男性も多勢いるのである。

法律家の佐藤欣子氏は、裁判官が行使する裁量のパターンが、アメリカでは「取引型」であるのに対し、日本では「情状酌量型」であると述べている。取引は当事者の双方がなんらかの利益を得ることを前提にした一種の契約である。契約は約束であり命令であり言質である。研究社の『新英和大辞典』(第六版)の"word"の項には、「語・単語・言葉」の他に「命令」「約束」「指図」「宣誓」「言質」などの意味が出ている。アメリカの裁判ではこのように、ことば(word)の意味が重要視されている。一方情状酌量とは、裁判官が被告の性格や年令や境遇、そして犯行後の心的情況などを考慮することである(佐藤欣子『取引の社会』中央公論社、一九七四年、一六八頁)。情状酌量型の裁判では、被告すなわち犯人が「何をしたか」よりも、「いかなる状況の下で」それをしたのかが、判決を左右するのである。

イギリス人は「歩きながら考え」、フランス人は「考えてから走り出し」、ドイツ人は「よく考えてから歩き出す」のに対して、日本人は「感じながらついて行く」民族だとも言われている（高島、前掲書、一六一頁）。わたしたち日本人は、聞えてくることばの意味するところはよくわからなくても、それが耳に快く響いてくれば、そこに何かを感じ取って、その意味がわかっているらしい人々について行くのだ、と言えないだろうか。序論で論じたカタカナ語の氾濫は、この特性をみごとに示している。さらにこの特性は、英語やフランス語のような西洋のことばは、日本よりも文明の発達した国のことばだから日本語よりも高級で美しいという、明治以来の偏見に満ちた言語観によって拍車を掛けられた。「なにごとのおはしますかは知らねどもかたじけなさに涙こぼるる」と西行によって歌われた世界は、いまだに健在なのである。

2 主体と客体の未分化または受容性とことば

日本人の民族性の第二は受容性、第三は主体と客体の区別があいまいなことであった。第三の特性は主体と客体の未分化と言い換えることができる。この二つは結局同じことを意味している。自分と他人をはっきり区別できないということは、客体または他人を自分の一部とみなし、他人との対立を避けてこれを受け容れることだからである。自他の同化という日本人の精神構造は、「甘えの理論」を打ち立てた土居健郎氏によっても論証されている（土居健郎『甘えの構造』弘文堂、一九七一年）。また、他人を自然と置き換えれば、それは本居宣長が「もののあはれ」と呼んだ日本人の自然観に他ならない。

一人称代名詞と二人称代名詞の混同

自他の同化という精神構造は、日本人の言語習慣の中にさまざまな形を取って現れている。まず語法の面では、一人称代名詞と二人称代名詞の混同が挙げられる。

日本語の二人称代名詞「汝」という字には「ナンジ」という音があてられている。古典日本語ではこの字は「ナ」と読まれていた。しかし奈良時代以前には、二人称代名詞を意味する「ナ」という音に「己」（オノレ）という字が当てられていたそうである（大野晋『日本語の文法を考える』岩波書店、一九七八年、七八〜七九頁）。つまり、今日使われている二人称代名詞「汝」は、かつては一人称代名詞だったのである。一人称代名詞から二人称代名詞への移行または一人称代名詞が二人称代名詞として使われる例は、現代でも見られる。たとえば、幼い男の子に年齢をたずねる時に、わたしたちは「きみ、いくつ?」と言うかわりに「ぼく、いくつ?」と言うことがある。これは相手を自分と対等な人格ではなく、自分の保護を必要としている存在、いわば自分の分身のように扱う時の言い方である。「汝」が一人称代名詞から二人称代名詞に移行した古代日本にも、同じような精神構造があったと考えるのは考えすぎだろうか。

話し手中心の発想

私は、独自に開発した「日英語比較」という講座を、勤務先の短大で三十年ぐらい前から教えている。この講座では、まず、英訳された日本語の文学作品を両方の言語で読みながら、それぞれの言語の背後にある文化的特性の違いを概説する。次にその違いを比較検討しながら、日本語と日本文化を再認識するのである。ここでは英語(と英語文化)は、日本語(と日本文化）を映し出す鏡として扱われる。

このようにして再認識された日本人の言語習慣の一つに、話し手中心の発想にもとづいた表現がある。話し手中心の発想にもとづいた表現とは、ある事柄を叙述するときに、話し手の気持や判断を混えて言い表すことである。そしてそれは、英訳されると、事象中心の発想にもとづいた客観的な表現になっている。次にその実例を挙げてみる。

（1）「いやね。切るなんて」

"It's unpleasant to be operated on."

（2）「時がゆうべ締めっ放しにしたまんまなのよ、きっと。いやな人」

"Toki undoubtedly left it locked from last night. I'm sure of it. The forgetful girl."

（3）「いい具合に雨も晴れました」

"The weather's clearing up."

（1）と（2）は夏目漱石の『明暗』、（3）は『草枕』からの引用である。日本文の傍線を引いた箇所と、英文の下線を引いた箇所が、問題の箇所である。

（1）の「いやね」と（2）の「いやな」には話し手の不快感または嫌悪感が表れている。英訳では、前者は“unpleasant”、後者は“forgetful”となっている。“unpleasant”すなわち「不愉快」なのは「手術を受けること」であり、“forgetful”すなわち「忘れっぽい」のは時（女中の名）の性格である。このように、日本文で使われていた、話し手の価値観を表す主観的な修飾語は、英文では事柄や性格を表す客観的な修飾語に変わっている。

西洋人と東洋人の「意識の在り方」の違いを研究していたスイスの精神医学者ユング（Karl Gustav Jung 1875–1961）は、ある時、西洋人は自分を対象から切り離して観察するが、東洋人は対象に自分の感情移入をする、ということを発見した。たとえば、一輪の花を見た時、西洋人は「花びらが五枚ある」と言うが、東洋人は「美しい花だ」あるいは「淋しげな花だ」と言う（河合隼雄『宗教と科学の接点』岩波書店、一九九〇年、一〇六頁）。（3）は、茶店の女主人が、雨宿りをしていた画家を見送る時に発したことばであるが、ユングの言う東洋人と西洋人の意識の在り方の違いを、なんと的確に表わしていることだろう。傍線を引いた「いい具合に」は英文では訳されていないのである。

話し手中心の発想にもとづいた表現の中には、語法として定着しているものもある。それは、《思う》や《欲しい》のような人間の意志や精神活動を表す動詞と、《淋しい》や《ひもじい》のような精神的および肉体的状態を表す形容詞を、二人称と三人称に使う時の用法である。これらの語を二人称と三人称に使う時は、《らしい》《だろう》《か》などの、話し手の推量や疑問や勧誘を表す助詞または助動詞をつけなければならない。「あなたはそう思う」ではなくて「あなたはそう思うのだろう」または「そう思うのか」などと言わなければならないし、「あの人は淋しい」ではなくて「あの人は淋しいらしい」または「淋しがっている」などと言わなければならないのである。

オノマトペ

日本語にはオノマトペ、すなわち擬音語と擬態語が多い。山口仲美編『暮らしのことば擬音・擬態語辞典』（講談社、二〇〇三年）には、約二〇〇〇語のオノマトペが収録されている。

日本語学者の大野晋氏は、オノマトペを、「ものの状態や性質を客観的に眺めて自分自身と切り離して対象化するのでなく（傍点筆者）、自分の情意や感情を未分化のまま言語化したもの」と定義している（大野、前掲書、七一頁）。一方、『擬音・擬態語辞典』の編者山口仲美氏は、オノマトペとは、「音の響きと意味が直結した」「感覚的な」ことばである、と述べている（二頁）。オノマトペにはこのように、自他の同化または受容性という日本人の第二の特性と、情緒性という第一の特性が、ともに反映されていることがわかる。言語にはその民族の特性が、断片的にではなく丸ごと反映されるのだから、これは当然のことであろう。

日本語のオノマトペは、（英語及び中国語の）翻訳者泣かせのことばである、とも山口氏は述べている。では、英語の翻訳者は、それをどのように処理しているのだろうか。漱石の『坊っちゃん』と吉本ばななの『キッチン』から、二例ずつ取り出してみる。

（4）（八寸ばかりの鯉を針で引っかけて）しめたと思ったら、ぽちゃりと落としてしまった。
…but just when I thought I had it, it fell back with a splash.
（5）おれは海の中で手をざぶざぶと洗って…
I swished my hands about in the sea to wash them,…
（6）たくさんの同じようなお部屋たちを見ていたら、くらくらしてしまった。
…when I saw so many places all the same lined up like that, it made my head swim.
（7）…またぽろぽろと涙をこぼした。
…again his tears fell like rain.

（4）、（5）は『坊っちゃん』からの引用である。二つとも擬音語である。《ぽちゃり》は "with a splash"、《ざぶざぶと》は "(I) swished (my hands) about" と訳されている。splash は何かが水中に落ちたり水中で跳ねたりする音という意味の名詞である。"swish about" は《振り回す》という動詞である。

（6）と（7）は『キッチン』からの引用で、二つとも擬態語である。《くらくらした》は“(it) made (my head) swim”すなわち《頭が泳ぐようだった》と、《ぽろぽろと涙をこぼした》は“(tears) fell like rain”すなわち《(涙が) 雨のように落ちてきた》と、それぞれ訳されている。二例ともオノマトペは“make something swim”という動詞と“fall like rain”という目的語（名詞）を持った動詞に変わっている。

話し手の印象を感覚的に表すオノマトペは、このように、英語では、動詞と名詞を使って直接的にまたは比喩的に表されることが多い。これらはすべて、事象中心の発想にもとづいた表現である。

以上、日本人の第二の民族的特性を映し出している言語習慣を、同じ状況で使われる英語の表現と比較しながら明らかにしてみた。そして、民族性と言語習慣は、必ずしも部分的に対応するのではなくて、全体として重層的に対応していることも示した。

第二章　日本人の社会体質とことば

文明開化から一四〇年近い年月が流れ、日本語は大きな変化を遂げた。しかし日本人の「コミュニケーションスタイル」は変わっていないと言われる（遠山茂樹『自由民権と現代』筑摩書房、一九八五年）。それは、日本人の社会体質が変わっていないからである。

日本人の社会体質は何であろうか。それは「権力の偏重」*と「ウチソトの区別」（拙著『これでよいのか英語教育』新評論、一九九二年、の中で筆者が命名した）という二つのことばに要約されるだろう。前者は身分社会を、後者は家族社会を示唆している。戦後まもなく「イデオロギーとしての『家族制度』」という論文を発表し、新憲法によって法としての家族制度は廃止されたが、社会習慣としての家族制度は依然として生きつづけていることを指摘した法社会学者川島武宜氏は、家族的構成を持った日本社会の根本理念は、「権威と恭順の概念」であると述べている（川島『日本社會の家族的構成』日本評論社、一九五〇年、一九～二一頁。

なお「イデオロギーとしての『家族制度』」は、岩波書店発行の新編集版〔岩波現代文庫、二〇〇〇年〕に収められている)。そして、今なお残存する擬似封建的人間関係の特徴の一つに「セクショナリズム」を挙げている。セクショナリズムは排他的派閥主義、すなわちウチソトの区別と言い換えることができるだろう。

＊福澤諭吉が著書『文明論之概略』の中で使ったことば。彼は、権力の偏重という日本人の社会体質を変革することなしには文明の開化はあり得ないと考えていた。遠山、前掲書、九六頁。

ことばは社会生活になくてはならないものである。権力の偏重とウチソトの区別という社会体質は、どんな言語習慣を生み、育ててきただろうか。封建的身分社会では「言挙げ」は禁止されてきた。この風潮は二一世紀の現代にも健在である。温情的な家族社会では「智に働けば角が立つ」から、人々ははっきりものを言わなくなってしまった。そして、なるべく遠回しに、紆余曲折しながら、自分の気持を相手に伝えようとする言語習慣を身につけてしまった。

核心をぼかす、または何も言わない。これがわたしたち日本人の言語習慣の特徴である。前者はあいまいな表現または無駄の多い表現として、後者は対話不在または一方通行の対話として、わたしたちの日常生活に蔓延している。*

*アメリカの文化人類学者ディーン・バーンランドは、その著書『日本人の表現構造』(西山千他訳、サイマル出版会、一九七三年)の中で(六〇〜六一頁)、日本人の文化的特性を表す語として、"evasive"(あいまいな)と"silent"(口数の少い)を挙げている。

「日本語はあいまいな言語だ」とよく言われる。私は、日本語そのものがあいまいなのではなく、日本人があいまいな使い方をするのだと考えている。私は前章(第2節)で言及した「日英語比較」という講座で、同じ状況や場面を叙述した日本語と英語を比較しながら、日本人のあいまいなことばの使い方には二通りあることを発見した。一つは「包括的表現」、もう一つは「省略表現」である。同じようにして、無駄の多い（または念の入った）ことばの使い方にも二通りあることを発見した。一つは「重複表現」、もう一つは「装飾表現」である。そして、英語ではあいまいな表現は明確な表現に、無駄の多い表現は簡潔な表現に変わることを発見した。

次に、それぞれの表現の例を三つずつ挙げながら、この点を明らかにしてみたい。

1 あいまいな表現

包括的表現

包括的表現とは、事の顚末や印象をひとまとめにして述べる言い方のことである。英語ではそれは、具体的に言い表される。

――（1）授業の都合で一時間目は少し後《おく》れて、控所へ帰った…――

The first class ran a little over time and I was late getting back to the teacher's room.

（2）「はあ、気がつかない事をして失礼しました」

“Yes, of course. Please forgive me, I wasn't aware you were busy.”

（3）長時間汽車に揺られたりして、もしものことがあったらばどうするのであろうか。

What had she meant to do if, shaken by the train ride, she had had a miscarriage.

（1）は漱石の『坊っちゃん』、（2）は『明暗』、（3）は谷崎潤一郎の『細雪』からの引用である。

（1）では「授業の都合で」が “The first class ran a little over time” すなわち「一時間目の授業が少し長引いた（ので）」と、（2）では「気がつかない事をし（た）」が “I wasn't aware you were busy” すなわち「あなたが忙しいということに気がつかなかった」と、そして（3）では「もしものこと」が “miscarriage” すなわち「流産」と、それぞれ具体的に言い表されている。日本語の「都合」「気がつかない事」「もしものこと」のような包括的表現は、場合に応じて何通りにも解釈され得る点があいまいだと言える。英訳ではそのあいまい性がなくなっている。

省略表現

省略表現とは、当事者の間ではすでに知られている情報を省略して述べる言い方である。

（4）「赤シャツさんも赤シャツさんじゃが、御嬢さんも御嬢さんじゃてて、みんなが悪るく云いますのよ」

"Redshirt was in the wrong of course, but so was the Madonna. Nobody has a good word for her."

（5）私は正直言って、呼ばれたから田辺家に向かっていただけだった。なーんにも考えてはいなかったのだ。

To be frank, I was only going because they'd asked me. I didn't think about it beyond that.

（6）「ごめんなさい、私のために。」と私は言った。

"Sorry to put you to so much trouble," I said.

（4）は『坊っちゃん』からの、（5）と（6）は吉本ばななの『キッチン』からの引用である。

「AもAだがBもBだ」という言い方は、似たような性格や素行の二人の人物をおもに非難する時に使われる、日本語独特の修辞法である。（4）では、赤シャツとマドンナがどんな人物であるかは、話し手も聞き手も了解している。そこの省略された部分を、英訳では "Redshirt was in the wrong of course, but so was the Madonna" すなわち、「赤シャツはもちろん悪いがマドンナも同じだ」と詳しく説明している。

（5）では「なーんにも考えてはいなかった」が "I didn't think about it beyond that" すなわち「私はそれについてそれ以上のことは考えていなかった」と、傍点の部分が補足されている。（6）では、「私のために」が "to put you to so much trouble" すなわち「あなたに迷惑をかけて」と、「私のために」相手が被った事柄がはっきりと述べられている。

最後に、私が今までに「日英語比較」講座で取り上げた文学作品の中で、省略度が最も高いと思われる省略表現を挙げておこう。それは、川端康成の『千羽鶴』の女主人公の口から出る「さきほどは…」ということばである。これが英訳では "It was good of you to telephone this morning." すなわち「今朝は電話して下さってありがとうございました」となっているのである。

ことばには、論理の伝達と感情の表現という二つの役割がある。日本人は、ことばの第一の役割よりも第二の役割をより重要視する民族のようである。一方、英語を使う人々が第一の役割を重要視していることは、右に挙げたいくつかの例からも明らかである。これは、一つにはことばの語源を「事の端《ことは》」とする民族と「ロゴス」とする民族の違いだろう。そして二つには、通常ことばを交す相手がおもに気心の知れた、いわゆるウチの関係の人々に限られている日本人にとって、ことばに表さない部分は互いに察し合う習慣が身についているからだろう。ちなみに《察する》に当る英語はない。たとえば『坊っちゃん』の中の赤シャツの「少しは学校の事情も察してくれなくちゃ困る」ということばは“You must have a little consideration for the position the school is in”、「わたしの云う方も少しは察して下さい」は“Please try and appreciate what I am saying”とそれぞれ英訳されている。

はじめの《察する》には“have a consideration”、すなわち《考察する》という語が、次の《察する》には“appreciate”すなわち《理解する》という語が当てられている。二つとも、日本文では、察する内容が「事情」と「わたしの云う方」という包括表現で言い表されてあいまいである。一方、「考察する」と「理解する」は、その内容がはっきりとことばで言い表されている時に使われるのである。日本語では、言いたいことが十あっても七つぐらいに抑えておくのがよいのだと、谷崎潤一郎は言っている（谷崎潤一郎「饒舌録」、『谷崎潤一郎全集』中央公論社、一九六八年、二〇七頁）。たしかに、感性に訴える文学作品の場合はそれでよいだろう。しかし、ことばが論理の伝達手段として使われる、政治やビジネスやその他の社会生活上の話し合いの場では、この習慣が障害になることは目に見えている。

「ことばを濁す」「匂わす」

包括的表現も省略表現も、話し手の意図するところが、ことばではっきりと言い表されていない。聞き手は、そこのところを察して自分で補わなければならない。

日本語には「言葉を濁す」と「匂わせる」という言い方がある。前者は「語尾などをはっきり言わないで明言を避ける」、後者は「それとなく分からせる」という意味である（以上二つとも『新明解国語辞典』による）。二つとも、話し手が聞き手に本音または言いたいことの核心を察してもらうことを前提とした言い方である。谷崎潤一郎の『細雪』の中で使われているこの二つの表現は、英語版では次のように言い表されている。

（7）いいえ別段、…と、幸子は慌てて、そこのところは言葉を濁した。
"No, not really." Sachiko hastily revised her answer, "No, not at all"
（8）井谷の送別会に絡んで、雪子の縁談も持ち上っているのであること、などを匂わしておいた。

> …and there had been mention at the farewell party of a possible husband for Yukiko.

「言葉を濁した」は英語では、"(Sachiko hastily) revised her answer, "No, not at all." すなわち「返事を訂正して、いいえ、ぜんぜん、と言った」となっている。「匂わしておいた」は "there had been mention" すなわち、「言及されていた」となっている。

このように英語では、「いいえ、別段」ではなく「いいえ、ぜんぜん」とはっきり述べ、「匂わす」のではなくて「ちゃんと言う」のである。察する心が介入する余地はない。

2 無駄の多い（または念の入った）表現

無駄の多い表現には装飾表現と重複表現の二通りがある。装飾表現とは、伝えたいことの核心の前後に、それとは直接関係のないことをつけ加えたり混えたりしながら述べる言い方のことである。この中には、装飾的な要素が含まれていることがはっきりわかる言い方と、すでに日本語の慣用句として定着していて、とくに装飾的な部分があるようには見えないのだが、英訳された時にはじめて装飾表現とわかる言い方がある。

装飾表現

一九七〇年代にベストセラーとなった『日本人とユダヤ人』の著者イザヤ・ベンダサンは、日本人とユダヤ人の言語習慣を比較して、日本人が口にすることばは刺身のツマのようなもので、あってもなくても関係ない、刺身すなわち伝えたい内容は言外にあるのだ、と述べている（ベンダサン『日本人とユダヤ人』山本書店、一九七一年、一七五頁）。彼は、あるパーティで出されたサンドイッチの皿にのっていたパセリが、ユダヤ人たちのテーブルでは全部なくなっていたのに、日本人のテーブルでは残っていたのを見て、この比喩を考えついた。そして、ここに見られる日本人とユダヤ人の食習慣の違いが、両民族の言語習慣の違いにそっくりあてはまると結論したのである。

日本語の装飾表現の典型は公文書の用語である。次に挙げるのは、東京にあるアメリカンスクールが、関係者に送った通知文書の、日本文と英文である。

(9) 謹啓　時下ますますご清栄のこととお慶び申し上げます。さて、このたびアメリカンスクールインジャパンのディベロップメントオフィスは一九八九年六月一日をもってスクールアドバンスメントオフィスと改称致しました。お手元の記録をお改めいただき、今後ともいっそうのご支援を賜りますようお願い申し上げます。敬具

The American School in Japan Announcement / As of June 1, 1989 the name of the Office of Development has been changed to the Office of School Advancement.

(ケリー伊藤『日本人英語の改造講座』ＪＩＣＣ出版局、一九九一年より)

日本文には、公文書につきものの儀礼的あいさつ、相手との友好関係を永続させたいという願望、そして相手に対する過剰の親切心という三つの要素がことばで表されている。これらはすべて装飾表現である。英文は核心だけを述べた文である。このような文は、日本では

一般に、木で鼻をくくったようだ、と言って忌み嫌われている。ここには、日本人がよしとする人間関係と、英語話者がよしとする人間関係の違いが象徴的に現れていると言えよう。

次に挙げる三つの例は、英訳されてはじめて、日本語の装飾的要素が認識される例である。

(10) 祖母がいくらお金をきちんと残してくれたとはいえ、一人で住むにはその部屋は広すぎて（後略）

I thought of the money my grandmother had left me … just enough. The place was too big…

(11) いくら下宿の女房だって、下女たあ違うぜ。

The landlady is not a maid.

(12) こう思ったが向うは文学士だけに口が達者だから議論じゃ叶わないと思って、だまってた。

This was what I thought, but I saw no hope of winning an argument with a Bachelor of Arts … they are all glib … and I kept quiet about it.

（10）は『キッチン』からの、（11）と（12）は『坊っちゃん』からの引用である。（10）と（11）では、「どんなにそうしたところで（であっても）大局には影響を与えるものでは無いという判断を表す」（三省堂『新明解国語辞典』）、《いくら何々だって》という慣用句が使われている。英文にはそのようなニュアンスは出ていない。（10）は “The money my grandmother had left me…just enough” すなわち「祖母が残してくれたお金、それは十分だった」、（11）は “The landlady is not a maid” すなわち「下宿のおかみさんは女中ではない」と、淡々と事実を述べるのにとどまっている。（12）では「やったことに応じて、その結果が十分なものであることを表す」という意味の《だけに》と、「ので」という意味の《だけに》（以上二つとも『新明解国語辞典』による）が重なり合って使われている。しかし英文は、“a Bachelor of Arts…they are all glib” すなわち「文学士というものはみんなよく喋る」と、事実を客観的に述べているだけである。

重複表現

重複表現とは、同じことを、同じことばで、または言い方を少しずつ変えてくり返し述べる言い方のことである。同じ状況を叙述した英文では、重複部分はすべて削除されている。次に、そのような例を四つ挙げる。

（13）田辺家のあるそのマンションは、うちからちょうど中央公園をはさんだ反対側にあった。

My apartment building and the one where the Tanabes lived were separated by Chuo Park.

（14）彼はその程度の知り合いに過ぎない、赤の他人だったのだ。

I barely knew him, really.

（15）君が取り合わないで儲《もう》けがないものだから、あんな作りごとをこしらえて胡魔化したのだ。

…since you wouldn't have anything to do with him, he made up that pack of lies.

(16) いったい妙子は、ほかの二人ほど井谷に義理があるのではなかった(中略)そして雪子こそ縁談のことでたびたび厄介をかけているけれども、妙子は何もそう云う負い目を感じていないのであった。

Unlike her sisters, Taeko was not in debt to Itani.

(13)と(14)は『キッチン』からの、(15)は『坊っちゃん』からの、そして(16)は谷崎潤一郎の『細雪』からの引用である。

(13)では、田辺家のマンションと語り手の家の位置関係が、「中央公園をはさんだ反対側にある」ことが述べられている。二つの建物が公園を間にはさんで建っていることと、一方が公園の反対側に建っていることは、結局同じことである。だから英語では"(They) were separated by Chuo Park" すなわち「両家の間には中央公園があった」という意味のことが一回だけ言われているのである。

(14)の、相手が「その程度の知り合い」であることと「赤の他人」であることは、両方とも、相手をよく知らないということなので、英文では "I barely knew him, really" すなわち「私はほんとうは彼のことをほとんど知らなかった」とだけ言っている。

（15）には、「君が取り合わない」と「儲けがない」、そして「作りごとをこしらえる」と「胡魔化す」という二つの重複表現が使われている。英文では、前者は "you wouldn't have anything to do with him" すなわち「君が彼を相手にしない」、後者は "he made up that pack of lies" すなわち「あんな大嘘をでっち上げた」と、それぞれの情況を一回だけ述べている。

（16）の重複表現は一回だけではない。実は中略の部分にもその前後と同じ意味のことがくり返されている。英文ではそのすべてを一言で "Unlike her sisters, Taeko was not in debt to Itani" すなわち、「妙子は他の姉たちのようには、井谷に負い目はなかった」とまとめている。

以上、無駄の多い日本語の表現を、装飾表現と重複表現に分けて、英語と比較しながら解説した。無駄の多い表現も、あいまいな表現と同じように、伝えたい事柄の核心をぼかす働きをしている。わたしたちは、たとえば、前置きの長いスピーチを聞かされたり、同じ情報をくり返し聞かされたりすると、集中力が減退して、相手の言いたいことは結局何だったのかがわからなくなることがある。また、わたしたち日本人は一般に、人に金品を贈るとき、必ず封筒に入れたり、美しい包装紙で二重三重に包んだりして贈る。中に何が入っているかはわからない。このような贈り方の方が中味が判別できる贈り方よりも奥床しいのである。言語習慣についても同じことが言えるようである。日本人にとって、いきなりメッセージの核心が伝えられるよりも、その内容と直接関係のないことばを散りばめて、二回三回とくり返し伝えられる方が、余韻があって奥床しいのである。

あいまいな表現は、ことば数が少いのがその特徴であった。それは英訳されると、包括的な表現は具体的に詳しく言い表され、省略表現はことばを尽くして、省略された部分がはっきりと言い表されていた。すなわち、英語の方が日本語よりことば数が多くなっていた。無駄の多い表現では、この関係がまったく逆になっている。核心を覆っていた装飾部分ははぎ取られ、くり返し述べられたメッセージは一つにまとめられている。すなわち、日本語よりも英語の方がことば数が少くなっている。

このように見てくると、あいまいな表現と無駄の多い表現は、互いに相容れない、矛盾した言語習慣のように思える。一方は寡黙を、他方は饒舌を示唆しているからである。だが、果たしてそうだろうか。実はこの二つの言語習慣は、ともに第一章で論じた、日本人の言語観に根ざしている。それは、人の口から出ることばは、「事の端」しか伝えることができないからあまり重要でない、という考え方である。これを私は、言語軽視の風潮と呼んでいる。ただ、日本人が軽視するのは、論理の伝達手段としてのことばであって、感情の表現手段としてのことばは重要視されている。第一章で述べたように、日本社会には、「何か」を伝えることばは少いが、「いかに」を表すことばはあふれているのである。

わたしたち日本人は、論理の伝達手段としてことばを使うことに慣れていない。このことは、日本人が対話や議論が不得手であることを意味している。日本では、対話はモノローグに、議論は喧嘩別れに終ることが多い。次の章では、「対話不在」または「一方通行の対話」という社会現象を考察する。

第三章　対話不在と一方通行の対話

対話は対立から生まれる。哲学者中島義道氏は、対話の基本原理の第一に「完全に対等な一対一の人間関係」を、第二に「属性を排除した個人的な関係」を挙げている（中島『対話のない社会』ＰＨＰ研究所、一九九八年、一三二～一三三頁）。属性を排除した関係とは、機能的な関係のことである。機能的な人間関係で話し合いをする時は、相手の人格や社会的地位や年齢、そして相手との親疎の度合などは問題にされない。ことばそのものが問題にされる。

日本人が、論理の伝達手段としてのことばを使うのが不得手だということを先に述べたが、このことは、日本人は対人関係においてことばそのものを問題にすることが不得手だということである。また、家族的身分社会に生きているわたしたち日本人にとって、完全に対等な一対一の人間関係を成立させることは非常にむずかしい。

このように見てくると、日本社会には対話はあり得ないか、あったとしてもそれは一方通行の対話——矛盾した言い方だが——でしかない、ということがわかる。日本社会に蔓延している対話不在の例は数え上げればきりがない。次に挙げるのは、そのうちのほんの一部である。

1 政治と対話不在

二〇〇四年二月二日、宮崎県の高校生今村歩さんは、武力に頼らないイラクの復興支援を求める請願書を、五三五八人の署名とともに小泉首相に提出した。首相はその請願書の内容には一言も触れずに、今村さんの高校の教師たちの指導不足と、「学生が勉強を忘れて政治活動をすること」を非難するコメントを出しただけだった。この事件は一般市民の反響を呼び起し、その後一か月以上にわたってマスメディアでさまざまな意見が取り交された。その中の一人、作家の大江健三郎氏は、「小泉首相は質問に答えない。（中略）数の力を背景に、国会で答える必要を感じていない」と言って、日本の政治が対話によって問題を解決する姿

5358人署名 首相あて提出

宮崎の高3、1人で集め

「武力にたよらないイラク復興支援を」

武力にたよらないイラクの復興支援を求める5358人分の署名を1人で集めた宮崎県三股町の高校3年生、今村歩さん(18)が2日午前、東京・永田町の内閣府を訪れ、担当者に手渡した。今村さんは昨年12月、友人に呼び掛けて始め、口コミで支援の輪は広がり、大勢の声を届けることになった。

今村さんは同日、母の理絵さん(44)らと内閣府を訪れ、応対に出た内閣官房の担当者に請願書を読み上げ、署名とともに渡した。請願書は首相あてで、「平和的解決を目指し、各国軍隊撤退を呼びかけ、これ以上イラク国民を傷つけないよう、そして、日本国民一人一人の安全に責任を持つべき一国の首相として、勇気ある行動をしてください」と要望した。

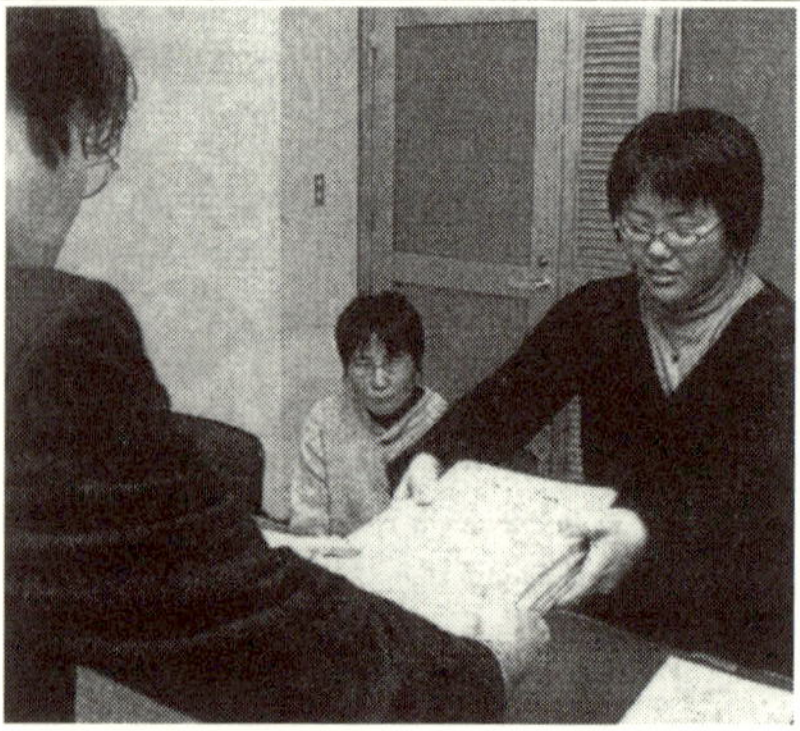

5358人分の署名を内閣官房の担当者に手渡す今村歩さん(右)＝内閣府で2日午前11時8分、手塚耕一郎写す

今村さんはイラク支援自体は支持しているが、「自衛隊や軍隊では問題は解決せず、イラクの人々との溝はますます深まっていくばかりだと考えます」などと主張。署名を手渡した後、「首相は平和を求めている国民の声に気付いてほしい」などと訴えた。

署名はイラク戦争後、テロや誤射などでイラクの民衆が被害を受けるテレビの映像をみるうちに「黙っているだけではいけない」と思い立ち、始めたという。当初、友人らに署名してもらっていたが、友人からさらに別の友人と広がり、今村さんが1人で街頭に立って集めたこともあったという。【月足寛樹】

『毎日新聞』(2004年2月2日夕刊)に掲載された、イラク復興支援に関する高校生の署名運動を取り上げた記事勢を欠いている点を批判した（『毎日新聞』二〇〇四年二月六日）。

小泉首相の対話拒否の例はまだある。同じ年の三月二六日午後六時の、ＮＨＫ総合テレビのニュースで、首相の記者会見が一部放映された。その際一人の記者が「日本がアルカイダに攻撃されたら首相としてどんな責任を取るつもりですか」と質問した。首相は、「テロは（こちらが）何をしなくても受ける時は受けるのだから覚悟しておく」と言っただけだった。テロリストたちによって国家と国民が被る損失に対してどのような償いをするのか、という質問の核心に対しては何も答えなかったのである。小泉首相はこのように、問題の核心をすり変えるのが得意のようである。彼がしているのは、まさに、一方通行の対話に他ならない。

対話の習慣が身についていないのは小泉首相だけではない。わが国の歴代の首相や閣僚たちと、国民の代表である議員たちとの間で今までどのくらい実りのある議論がされてきただろうか。ほとんどなかったのではないだろうか。古くは一九九二年のＰＫＯ法案、最近では自衛隊のイラク派遣法案や年金法案等、十分な話し合いが行われないまま、数の力で可決されてしまった。議論は本来「ことばによる知的で生産的なゲーム」（中村敬・峯村勝『幻の英語教材』三元社、二〇〇四年）であって、それは対話の基本原理をルールとして行われる。

わが国の政治の場から、対話する姿勢、すなわち事の本質を理性的に分析して議論する姿勢が消えてしまったのはいつだろうか。一九三二年五月一五日、首相官邸に押し入った一青年将校が、当時の首相犬養毅の「話せばわかる」ということばを無視して、彼を射殺した事件は有名である。評論家で同首相の孫でもある犬養道子氏は、この日、祖父の死とともに日本の議会政治は死んだのである、と述べている（『朝日新聞』二〇〇二年七月一五日夕刊）。

2 言論界の対話不在

S社発行の高校英語教科書『ファーストⅡ』の第十三課“War”が大きな政治問題としてマスメディアで取り上げられたのは、一九八八年八月のことであった。その課は、第二次世界大戦中に日本軍がマレー半島で行った住民虐殺を題材にしていた。同教科書の著者で英語社会学者の中村敬氏によれば、その時、マスメディアは、教科書批判を行った政治団体の言い分のみを取材し、著者へのコンタクトはいっさいしてこなかった。とくに、批判者が記者会見で問題にした三つの論点のうち、二点については客観的な検証が可能であったのにもかかわらず、それを著者に確かめようとした報道関係者はいなかった。さらに、著者の反論及び主張を公表するよう依頼してきた英語教育関係誌も一つもなかったそうである（中村敬・峯村勝『幻の英語教材』三元社、二〇〇四年、一九～三九頁。なお、この事件の顛末と反響については同書第一部、一六～六一頁に詳述されている）。

この教科書を批判した政治団体の政治的立場《イデオロギー》が著者の政治的立場と対立していたことは明らかである。しかし、そこに対話は生まれなかった。そして、言論の自由と報道の中立を実践するのがその使命であるマスメディアと、教育の自由をおし進める立場にある教育誌が、権力に屈して、著者との対話を拒否したのである。犬養首相の場合は、問題解決は銃弾によって行われた。その半世紀後に起った英語教科書問題では、問題解決は、国家権力という暴力によって行われたのである。

3 摩擦回避のもの言い

最近、一〇代後半から三〇代ぐらいの人々がよく使うことばの一つに《っていうか》がある。これは、一見相手の意見を取りこむかに見せながら、それに言及しないで自分の言いたいことを言う時と、何の脈絡もなく話題を変えたい時に、相手と対立せずに、あたかも相手のことばを引き取るかのように使われる。このことばを好んで使う人々を「摩擦回避世代」と呼んでいるらしい（『月刊言語』一九九九年五月号、八一～八三頁）。《っていうか》の第一の用法は、先に挙げた小泉首相の高校生今村泉さんへの応答に、第二の用法は、同じく首相の記者会見での答弁にそっくりあてはまるような気がする。摩擦回避のもの言いとは、だから、対話不在または一方通行の対話と同じことなのである。

わたしたちの日常生活には、摩擦回避のもの言いがあふれている。私がよく利用しているバスの車内放送が、時どき、「警察からのお願いです」と言って次のようなメッセージを流している。「降りたバスのすぐ前とすぐ後ろの横断は危険ですから止めましょう」というものである。私は、このメッセージを聞くたびに一種の違和感を感じる。まず、これは「お願い」なのだろうか、という疑問が浮ぶ。その内容から推して、これは「警告」か「忠告」またば「ご注意」と言った方がよいのではないだろうか、と考える。次に、「お願い」ならば、なぜ「止めて下さい」と言わないで「止めましょう」と言うのだろう、という疑問が浮ぶ。そして自分なりに導き出した答えは、次のようなものである――。

「警告」も「忠告」も「ご注意」も核心をついたもの言いだから「角が立つ」と考えられるのだろう。そして「止めて下さい」という言い方は、丁寧表現ではあるが、お願いをする側とされる側の対立関係を示唆している。だから、警察と住民（バスの乗客）は対立していない、いや、むしろ同じ側にいるのだ、ということを示唆する「止めましょう」という言い方が使われているのだ。

警察とその管轄地域の住民との関係は、本来機能的であるはずだ。しかしそのような意識はまだ低いことがわかる。これでは対話は生まれないだろう。

4 一方通行の対話——荒川区立日暮里第三小学校の英会話授業

わが国の一部の小学校に英語教育が導入されて三年経った。二〇〇四年三月一三日付『朝日新聞』によると、都内荒川区立日暮里第三小学校では、次のような、会話中心の英語の授業が行われているそうである。

まず生徒が、担任の教師やＡＥＴ（Assitant English Teachers, 日本の公立中学・高校の外国人英語指導助手）に、"Do you like～?" と質問する。教師は "Yes, I do" または "No, I don't" と答える。生徒は "like" の後に思いつく名詞、たとえば「なっとう」や「ピーマン」などを次々に入れて質問を続ける。

この授業のねらいは、子どもたちに「会話力をつける」ことだそうである。学校で習うことは、原則として、実生活に役に立つことでなければならない。とくにことばの学習では、それが母語であれ外国語であれ、このことが最も重要な目的のはずである。この授業で子どもたちが身につけた（と仮定した）会話力は、実生活でどの程度役に立つだろうか。ほとんど役に立たないのではないだろうか。

まず、この方式は、生徒には質問させるだけ、教師には答えさせるだけという点で一方通行の対話を助長している。私は、教師にも生徒に向って同じ質問をさせるのがよいと考えている。そして、双方通行という対話の基本を、英語を使って子どもたちに徹底的に覚えさせるべきではないだろうか。

なお、同小学校では、"like" の意味は説明しないそうである。それならばなおのこと、生徒にも "I like ～" または "I don't like ～" と答えさせ、"like" の意味を、身をもって覚えさせてはどうだろうか。さらに英語力がつけば、"I don't like ～" または "I like ～" につづいて "Why?" "Because ～" というやりとりの仕方を教えれば、対話というものはたんに双方通行であるだけではなく、状況に応じて内容が発展していくものだということを、日本の子どもたちに早くから理解させることができるのではないだろうか。

5 対話拒否

最後に、私自身が体験した対話拒否のケースを紹介しておく。

それは、もう三〇年以上の間クリーニングを頼んでいるH社との間で起った問題である。H社では、クリーニングした品物に引き受け番号を印刷した細いテープをホチキスで留めて返してくれるのだが、二本の針がほとんど間隔をあけずに留められている。ある時、仕上って返ってきたシーツからこのテープと針を取り外したら、針が留めてあった部分に穴があいてしまった。それは、同じシーツをクリーニングに出すたびに、同じ箇所に二本の針を並べて留めるので、それを力まかせに外す時にできる裂け目が次第に拡がってできた穴だった。

私はすぐにH社に文書でその状況を説明し、ついてはホチキスの使用をいっさい止めるか、それが不可能ならば、せめて針の数を一本に減らしてほしいと頼んだ。H社からは文書による返答はなかった。そこで、ある日品物を届けに来た集配員にそのことを伝えてみた。すると、ホチキスの針は一本だと運ぶ途中に外れて番号札が紛失する恐れがあるので二本使っている、このシステムは変更できない、とのことだった。私は、それはあまり現実的ではない、融通のきかないシステムだと思ったが、黙って引き下がるしかなかった。それからしばらくして、H社から戻ってくるシーツをはじめすべての品物には、ホチキスではなくて安全ピンで番号札が留められるようになった。前に比べてテープを外す手間は省けるようになったし、生地の傷みもなくなった。私はH社が取った処置に不満はないし、感謝もしている。しかし、私の文書の内容に対しては、彼らは何の見解も伝えてこなかった。そして一方的に、ホチキスを安全ピンに変えるという処置を取ったのである。私のことばは無視され、対話は拒否されたのである。

私の言葉に正面から向き合わないで、ホチキスを安全ピンに変えたH社の処置は、ある意味で摩擦を回避した処置だったかもしれない。温情的人間関係をよしとする日本人にとって、摩擦回避のもの言いや行いは、長い間に身についた生活の知恵かもしれない。しかしそれは、対話の習慣を日本社会から消し去ってしまった。対話とは、くり返しになるが、ものごとの本質を冷静に分析し、ことばを尽くして、対立する二者が論理上の共通点を見出すよう努力することである。ことばは「事の端」だから大切なことは何も伝えることができない、という言語不信の思想を受容してきた日本人が、この意味で、対話の技術と習慣を身につけるのは不可能に近いかもしれない。しかし、そう言って手を拱《こまね》いていたのでは、社会的弱者の言い分は、社会的強者の権力によって、永久に抹殺されつづけるだろう。このことは、本章第1節と第2節で取り上げた二つの例が如実に示している。中島義道氏は、日本人が、ことばの語源はロゴスだと信じている西洋人とまったく同じように、ことばを論理の伝達手段として使いこなすことはできないだろうが、「あと数パーセント西洋的な言語観を採用して」対話の仕方を学べば、日本も弱者が泣き寝入りしないような社会になるだろうと述べている（中島、前掲書、二〇二〜二〇三頁）。

私は、この「数パーセント」を、日本語と英語を連携させて行う言語教育によって達成できるのではないかと考えている。それは論理志向の言語教育である。次章以下でその方法論を展開するつもりである。

第四章

「国語」教育の歴史と展望

1 歴史

わが国の「国語」教育は歴史的に、学習者の道徳的情緒的そして人格的な面の育成に力を入れてきた感がある。一九〇〇年（明治三三年）に施行された小学校令施行規則第三条の、国語科の教育目標の中には、「思想の表現」と並んで「智徳の啓発」が挙がっている。教材には文学的文章が多く使われ、作文教育では、文芸作品的作文の指導に重きがおかれた（西尾実「国語教育問題史」、『国語教育』第五巻、刀江書院、一九五一年、一〜一〇頁）。

また、大正期（一九二〇〜三〇年頃）に国語科に組みこまれるようになった「生活綴方」は、作文指導というより生活指導だった。生徒は自分の生活体験を書いて教師に読んでもらい、生活上の指針や助言を仰いだ。それも、彼らの生活環境で営まれている人倫関係についての指導だったのである（中内敏夫『生活綴方』増補版、国土社、一九八六年、一三三頁、二七頁）。

国語学者の西尾実は、大正年間に使われていた国語教科書に出ている「カラスガイマス」という文法構成の簡単な文よりも、「カラスガ木ノエダニイマス」という複雑な文の方が子どもには理解しやすい点を挙げて、わが国の「国語」教育は、ことばの実用の面をおろそかにしてきたと述べている（西尾、前掲書、五頁）。日本の学校では、「国語」の時間に実生活で役に立つ生きたことばではなくて、儀式のような格式ばった非日常的行事の時に使うことばが教えられてきたのだと言える。普段着のことばではなくてよそゆきのことばが教えられてきたと言ってもよいだろう。*

＊文芸評論家川村湊氏は、十五年戦争中に日本の植民地で「国語」として教えられた日本語が、「生活語」ではなくて「文化語」だったと述べている。川村『海を渡った日本語——植民地の「国語」の時間』青土社、一九九四年、二二五〜二二六頁。

このように、わが国の「国語」教育は伝統的に、言語教育というよりも情操教育であり、「褻」のことばではなくて「晴」のことばの教育だったといえる。この傾向は、その後どのように改善されただろうか。それとも改善されなかっただろうか。

まず、一九五五年文部省発行の『小学校学習指導書国語科編』の「国語学習指導計画の立て方」を見てみよう。「感情のこもった短い文を書こう」（第二学年）、「放送劇の脚本を作ろう」「物語文を読もう」「詩を読もう」（第三学年）、「発明発見物語を読もう」（第五学年）、「文集を作ろう」（第六学年）のような、情操志向、文学志向の項目が目立つ。論理的な言語教育を示唆した項目は、「見学の報告文を書こう」（第四学年）と「論説文を読もう」（第六学年）の二つだけである。

次に、一九八〇年の学校図書発行『中学校国語I』を見てみよう。第一課に「親しい人に手紙を書こう」という項目がある。ある中学一年の女子生徒が祖父母に宛てて書いた私信が示されたあと、「皆さんの親しい人たちは、皆さんが中学に入学したことを、心から喜んでいますし、また、近くから、遠くから、皆さんの中学生活に心を寄せていることでしょう。

（中略）手紙は、相手の人をたいせつにする優しい心の表れなのです」という解説がある。そして、手紙を書くときの心がけの一つに、「相手がどんなことを知りたいか、相手の立場に立って考える」という項目がつけ加えられている。これも、正しい言語表現の指導というよりも、親しい人々との関係を心情的及び道徳的にとらえた上での助言である。

一方、二一世紀になって出版された、最新の「国語」教科書では、手紙の書き方の指導に関して大きな変化が見られる。二〇〇四年三省堂発行の中学生用教科書『現代の国語1』（初版は二〇〇二年）を見てみよう。巻末についている「資料編　手紙の書き方」では依頼文の書き方として、《拝啓》《拝復》などの冒頭の語につづいて、時候のあいさつ、安否のあいさつ、書き起こし文、本文、結びのことば、そして《敬具》《草々》などの結語の書き方が、具体的に示されている。内容ではなくて、手紙の正しい形式を教えようとしている。従来の情緒志向、道徳志向を脱皮して、社会志向にもとづいた発想が見てとれる。この他にも、社会志向を示唆したテキストは何篇かある。たとえば、第2巻に収められた「ホタルの里づくり」（環境問題）と「心のバリアフリー」（障害をもつ人々の問題）、第3巻に収められた

「平和を築く」と「地雷と聖火」（平和問題）などである。これは最近国民的関心の高まりつつある社会問題と国際情勢を反映した内容であろう。

このような社会志向のテクストは、五〇年前、二〇年前の「国語」教科書には見られなかった。子どもたちの目を社会に向けようとする努力が「国語」科で行われるようになったことは、一つの進歩である。しかしそれは「国語」科よりも、社会科や公民科で取り上げるべき問題ではないだろうか。「国語科」では、わたしたちが日常使っている日本語の仕組みと、その正しい使い方を教えるべきではないだろうか。ことばを正しく使うためには、人間は外界に心で反応するだけでなく内に向って頭を働かせなければならない。すなわち、考えなければならないのである。思考力をつけるための教育が、現行の「国語」科でどの程度行われているだろうか。この点については、まだ一考の余地がありそうである。*

* 『現代の国語』シリーズには、論理志向の言語表現術の指導を射程に入れた課が三つある。第1巻の「事実をとらえる」に組み込まれた「レポートを書こう」、第2巻の「考えを伝え合う」に組み込まれた「意見文

を書こう」、そして第3巻の「主張文を書こう」に組み込まれた「文章の組み立て」である。しかしこれは、三年間の中等課程で学習することになっている全三巻二一課のうちの一四%にすぎない。また、全三巻を通じて、三〇人の著者のうち、作家や詩人などの文学者二三人に対し、自然科学者、社会科学者そしてジャーナリストなどの非文学者は七人で、全体の二五%以下である。

2 展望

「国語」について

伝統的な「国語」教育は、学習者の美的感覚をはぐくみ、彼らに正しい人倫関係を学ばせることを主な目的として行われた。これからの「国語」教育はどのように変わらなければならないだろうか。

本題に入る前に、「国語」という用語について、その起源と私の考えを述べておきたい。

この語は、幕末の蘭学者川本幸民《こうみん》による『気海観瀾広義《きかいかんらんこうぎ》』(青地林宗の物理・化学書『気海観瀾』の解説書。一八五一〜五八年刊)ではじめて使われたと言われ、当時知識人の間に普及していた漢文ではなく、カナで「てにをは」を記した訓読みの文を指した（亀井孝『日本語学のために』吉川弘文館、一九七一年、二四〇頁）。この語は一八六九年刊の南部義籌《よしかず》著『修国語編』でも使われているが、一般に普及したのは、一八九四年に上田万年が『国語のために』を発表してからである（土井忠生・森末義彰編『日本語の歴史6　新しい国語への歩み』平凡社、一九七〇年、三五〇頁）。一八九四年（明治二七年）は日清戦争開戦の年であり、日本の国力が世界に向って誇示されはじめた年でもあった。この頃から「国語」ということばは、わが国の国家、国体を念頭においた、政治的なコンテクストの中で使われるようになった。なお、この六年後の一九〇〇年（明治三三年）に、小学校令施行規則が施行され、読書と作文と習字を一括した「国語科」が制定された（安田敏明「国語か日本語か」、『朝日新聞』二〇〇三年二月一二日）。

右のような経緯を経て普及した「国語」は、十五年戦争中にわが国の植民地で皇国日本のイデオロギー教育の一環として教えられるようになった。日本語は、中国や朝鮮半島やシンガポールなどで、「国語」として教えられたのである。

「国語」には、このように国家主義《ナショナリズム》的イデオロギーがつきまとっている。民主主義をうたい、平和を唱える現代の日本にはふさわしくない。* 日本人のための母語教育は、「日本語教育」のはずである。しかしこの語は今のところ、外国人のための日本語教育を指すことが多い。そこで私は、この書物の中では、そのどちらでもない「言語教育」という語を原則として使うつもりである。しかし、日本語教育の歴史的な経緯に触れる場合には「国語」を使うし、日本人の母語教育という点を強調する場合には「日本語」を使うつもりである。

＊日本語教育者の国分一太郎氏は、一九五一年の改訂版『学習指導要領国語科編』の全六九八頁の中で、「日本語」ということばが二回しか使われていないことについて、戦前戦中の国家イデオロギーにもとづいた言語観を、当時の文部省が捨て切れずにいると批判している。「国語科——日本の国語教育」勝田守一編『岩波講座教育第5巻　日本の学校(2)・教科篇1』岩波書店、一九五二年。

私がここで展開しようとしている言語教育の方法論は、後で詳しく述べる、アメリカとイギリスにおける母語教育の方法論を大いに参考にしている。また、外国語としての日本語教育の方法論からもヒントを得ている。これも、私が「言語教育」という包括的な用語を使う理由である。

私は、これからの「国語」教育は論理志向の言語教育に重きをおき、従来の文学鑑賞指導はオプションとして、付随的に扱うのがよいと考えている。文学作品を理解するためには、感性が磨かれることも必要だが、その前に、そこで使われていることばの意味が理解できなければならない。そのためには、それを正しく使える訓練ができていなければならない。感性は、学校教育によって集団的に磨かれるものではない。学習者の生まれつきの能力と個人的な生活環境によって個別的に発達するものである。すべての学習者に、同等の教育を行うことを標榜している義務教育課程で、このような個別指導を行うことは不可能に近い。文学鑑賞はむしろ高等教育課程でオプションとして行うべきであろう。

「理科系」の作文について

日本の子どもたちは、作文が苦手らしい。九年前に、「現代子ども国語表現力研究会」が首都圏の小学生を対象に行った調査によると、作文（と口頭発表）が好きと答えた子どもは四〇％だった（『朝日新聞』一九九六年一一月一〇日）。これは、『国語科学習指導要領』の目標に「（国語を）適切に表現する能力の育成」が挙がっているのにもかかわらず、それが効果的に行われていないことを示唆している。

私は勤務先の短大で「英作文」（のちに「英語表現法」と改名）という講座を教えているが、二十年ほど前に、木下是雄著『理科系の作文技術』を、この講座の必携参考書に指定した。著者の方法論が、私の英作文授業の方法論といくつかの点で一致しており、私の方法論を補ってくれるのではないかと考えたからである。

木下氏はこの書物で「内容が事実と意見にかぎられていて、心情的要素をふくまない」文書を「仕事の文書」と名づけ、氏の専門の物理学を学ぶ学生たちに、論文やレポートの書き方を指導している。この書物に出会う以前から、私は英作文の授業で、決められた動詞文型を使って、自分が体験したことを三〇語前後の英文にまとめる課題を学生に与えていた。自分がしたこと、あるいは見聞したこと、すなわち事実だけを書き、意見や感想は書いてはならない。だから、主観的な形容詞、たとえば beautiful は使ってはならないし、一般的な言い方や漠然とした言い方、たとえば I went to a coffee shop with a friend ではなく I went to the Aoyama Starbucks coffee with Ichiro のように、人物や場所は実名を使って具体的に書かなければならない。主動詞は過去形を使い、その体験がいつ、どこで、どのようにしてなされたのかということに必要なかぎり言及する。

私が独自に考え出した右のような方法論は、木下氏が事実の記述の特徴として挙げている諸条件にぴたりと一致していた。すなわち「一般的でなく特定的」であり、「抽象的でなく具体的」であり、「漠然としておらずはっきりしている」こと。また「できるだけ名詞と動詞を使い、主観に依存する修飾語は使わない」こと、そして「ジャーナリストの定石」の5W＋1H（who, what, when, where, why, how）を必要なかぎり述べること、などである。木下氏はこの他に、「必要なことは洩れなく記し、不必要なことは一つも書かない」ことと、「（論理の飛躍を読者が補ってくれることを期待せずに）くどいほど明確に論理の筋道を立てて書く」という二つの注意事項をつけ加えている（木下是雄『理科系の作文技術』中央公論社、一九八二年、一〇一～一一七頁)。

木下氏はこの書物を書くにあたって、アメリカの小学校から大学までの、六種類の英語の教科書を参考にしている。アメリカ人にとって英語は、母語(または母国語)である。アメリカで初等教育に始まり高等教育を通じて行われる、母語の正しい使い方をめざした言語訓練が、日本の母語教育すなわち「国語」教育ではどの程度重要視されてきただろうか。答えはどうも否定的のようである。私はこの書物を「英作文」の参考書に指定してから数年の間、その読後感を学生たちに書いて提出してもらっていた。その中に、この本に書いてあるような作文技術を、小学校または中学校の「国語」の時間に習いたかった、という感想があった。それから、理科系という語にはじめは違和感を抱いたが、読んでみたら文科系の勉強をしている自分にも大変役に立つことがわかった、という感想もあった。この二つの感想は、わが国の「国語」教育に何が欠けていたかを如実に示していた。それは、ことばには感情の表現手段という役割の他に、論理の伝達手段という役割がある、という認識である。私はその欠けた部分を、アメリカにおける母語(または母国語)教育の方法論を、わが国の「国語」教育に採用することによって補えるのではないかと考えた。

『理科系の作文技術』で木下氏が参考文献として挙げている英書の一つに、*Patterns of Language*（Filmer, H. Thompson, et. al., eds., American Book Co., New York, 1977）がある。レベルAからIまでの九巻から成り、初等科の六学年と中等科の三学年の子どもたちを対象にして書かれている。このうち第四巻から、わが国の母語教育にも採用できそうな論理志向の指導項目を、いくつか挙げてみよう。

まず、単元1では、パラグラフの定義とその書き方が実例とともに示される。「パラグラフ」は明治以降に西洋から輸入された概念であるが、今日の日本では、小説やエッセイなどの文学作品をはじめ、学術論文や各種報告書《リポート》を書く人々が正しく理解していなければならない概念である。パラグラフは、「ある一つの考え（idea）について述べられた一まとまりの文章のことで、一つの文でできていることもあるが、二つ以上の文でできていることが多い」というアメリカの小学校四年生のために書かれた定義は、日本の小中学校の子どもたちにもたやすく理解できそうである。「パラグラフの最初の言葉は内側にひっこめて書くこと」という決まりも、日本語の場合は「一字ひっこめて（または下げて）」と言い変えれば立派に通用する。

単元7では、社交的な手紙（いわゆる私信）の書き方とリポートなどの構想《アウトライン》の作り方が指導される。単元1で学習したパラグラフの概念がきちんと頭に入っていれば、たやすく理解できるしくみになっている。

単元8では「事実」と「意見」の違いが述べられ、それぞれの記述のしかたが指導される（『理科系の作文技術』では、この部分への言及が多く見られる）。「ジョージ・ワシントンは米国初代大統領だった」と「ジョージ・ワシントンは米国で最も偉大な大統領だった」という二つの文が、それぞれ「事実」と「意見」の例として挙げられ、「事実」は証拠を挙げて証明できるもの、「意見」はその事実にもとづいて述べられたある人の考え、という定義が示される。そしてアメリカの小学生たちは、意見の記述には主観的な修飾語が使われることから、形容詞や副詞の役割を学ぶのである（第1節で言及した三省堂発行の『現代の国語1』の「事実をとらえる」では、入手した情報の出どころを正しくカードに記入する方法が、

『現代の国語3』の第四課「視野をひろげる」では、事実にもとづいて主張文を書く書き方がそれぞれ指導されているが、「事実」と「意見」の違いについては触れていない)。わが国の小学校でも、たとえば「富士山は標高三七七六メートルの山です」と「富士山は日本で最も美しい山です」という二通りの文を挙げて、「事実」と「意見」の違いや形容詞の役割を効果的に教えることができるであろう。

第五章　新時代の日本語教育

二〇〇〇年文部科学省発行の『国語科指導要領』には、「国語を適切に表現し的確に理解する能力を育成し、伝え合う力を高め（る）」ことにつづいて、「思考力を伸ば（す）」ことが目標に挙がっている（『英語教育』二〇〇一年一月号、三七頁）。私は、この中で最も重要な能力は思考力だと思う。考えることができなければ、ことばの深い意味を理解したり、ことばを選んで表現したり、他人に伝えたりすることはできないと思うからである。そしてこの能力は、「国語」だけでなく、ことばを媒介にして行われるすべての教科の学習に必要な能力である。思考力の育成という最も大切な目標は、現代の学校教育の中でどの程度達成されているだろうか。情操志向のわが国の伝統的な国語教育では、それが容易に達成されてこなかったことは目に見えている。私は、この伝統を大幅に改善して、論理志向の言語教育を全国の学校教育に採り入れないかぎり、日本の若者たちが思考力を身につける教育を行うことはできないだろうと考えている。

1 読書法と「要約＋感想文」の書き方

わが国の小中学校では例年、夏休みの宿題として読書感想文が課せられている。読書は思考力を育てるもののはずである。にもかかわらず、わが国の子どもたちに思考力がつかないのはなぜだろうか。それは、今までに行われてきた感想文の書き方の指導が――もしそのような指導が行われていたとすれば――、伝統的な情緒志向の方法論に則った読書法及び感想文の書き方指導だったからではないだろうか。

わたしたちは、ただ受動的に本を読むのではない。そこに書かれている情景や、著者の気持や主張などに反応しながら、能動的に読むのである。哲学者の故谷川徹三氏は、読書とは「自分の願望なり希求なりに従ってそこに何かを読み加える」作業であり、そこに書かれているることを「一度解きほぐして、自分自身の秩序にそれを組立てる」、すなわち破壊して作り直す、主体的で創造的な作業であると述べている（谷川徹三『東洋と西洋』岩波書店、一九四〇年、三九五〜三九七頁）。

私は勤務先の短大で教えているすべての講座で、「VC・AT法メモ用紙」というメモ用紙を使った読書法を指導している。これは、学生が論文やリポートを書くために参考文献を読んで、その内容を書きとめておくためのメモ用紙である。私はこの読書法を、論文やリポートの作成を課していない講座でも、読んだ本の内容を理解し記憶するのに効果のある方法として指導している。この読書法を私は、四〇年前に留学したアメリカのバッサーカレッジで教わった（「VC・AT法メモ用紙」のVCはVassar Collegeの、ATは筆者の氏名の、それぞれイニシャルを表している）。それ以来今日まで、自分でも実践し学生にも指導している。この読書法はまさに、谷川氏の言う「書かれていることを『一度解きほぐして』『組立て』」直す読書法である。

「VC・AT法メモ用紙」の仕様と基本的な使い方は八八〜八九頁の図に示したとおりである。ここで、説明にある「ノート」の意味を解説しておこう。英語の《note》には、名詞として《覚え書き》や《メモ》などの意味があり、動詞として《書きつける》や《書きとめる》などの意味がある。一方、日本語の《ノート》はおもに《筆記帳》、すなわち英語の《notebook》の意味で使われている。しかしここでは、《ノート》は本来の英語の意味、すなわち《書きとめる》という意味と、短い文や句を書きとめた用紙、すなわち《覚え書き（またはそれが書かれた用紙）》の意味で使われていることをお断りしておく。

「VC・AT法メモ用紙」を使った読書法の特徴と利点は三つある。その一は、読者にその文献を少くとも三回読むことが要求されている点である。まず、はぎ取り式のメモ用紙を、ノートを取りたい箇所がある頁に挟みながら読む。この時、それが自分の書物ならば、ノートを取りたい箇所に傍線を引いておくこともできる。次に、ノートを取りながら読む。そして三回目に、取ったノートをはじめから頁数に従って読むのである。三回目は文献全部を読み返すわけではないが、ノートを取った箇所は読者にとってとくに意味のある箇所のはずだから、文献全体を理解するのに役立つはずである。その二はノートを取る紙面が、縦約六センチ、横約八・五センチ（図1のAの部分）しかないという点である。このような限られた

【VC・AT法メモ用紙の仕様】

■図1　情報ノート

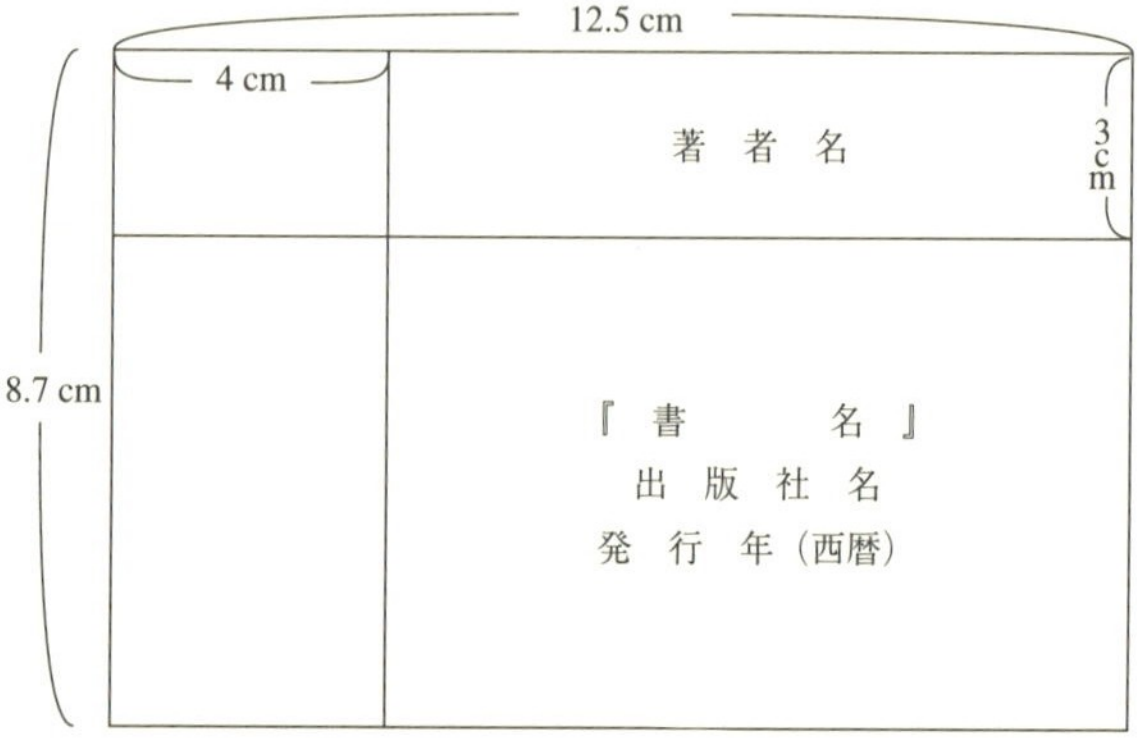

■図2　内容ノート

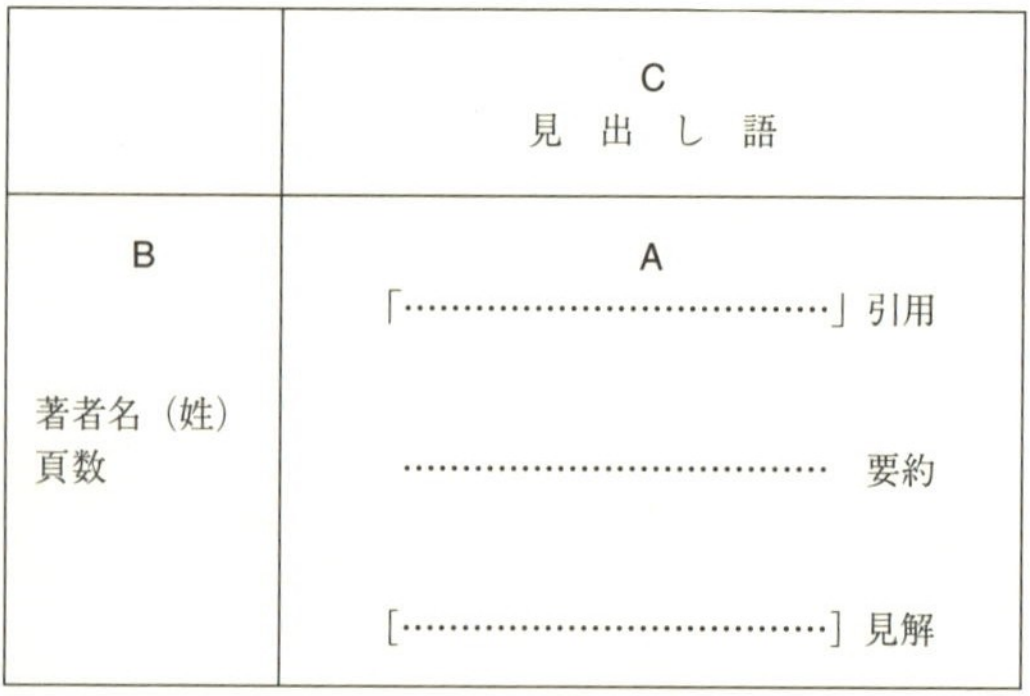

1 市販のはぎ取り式のメモ用紙（12.5 cm×8.7 cm 以上の大きさのもの）を用意し、図のような線を入れる。

2 本を読みながら、ノートを取りたい頁に1のメモ用紙を1枚ずつはがして白紙のまま挟んでおく。

3 全部読んでしまったら、右図のような仕様で「**VC・AT法メモ用紙**」を作成し、ノートを取り始める。
まず、その本に関する書誌情報を、**図1の「情報ノート」**に記入する。これは本1冊分のノートをファイルする際に、その表紙としても利用することができる。

4 内容に関する覚え書きは、**図2の「内容ノート」**の**A**の部分に、原則として1枚につき1項目を下記の要領で記入する。
 ① **B**の部分に、著者名（姓だけでよい）と頁数を、縦に並べて記入する。
 ② **引用なら**：著者の言葉通りに、「　　」でくくって記入する。
 ③ **要約なら**：著者の述べていることを、カッコをつけずに記入する。
 ④ **見解なら**：著者の述べていることについて自分の意見や感想を交えて書く場合は［　　］でくくって記入する。
（上記の要領で、引用、要約、見解のすべてを1枚のノートに併記することもできる。）

5 ある程度ノートがたまったら、読み返しながら一まとめにして積み重ねておき、それぞれの内容に合わせた**見出し語**を**C**に記入する。

6 すべてノートを取り終わったら、頁の順に並べて読み返してみる。これは文献全体を理解するのに役立つ。

7 同じ見出し語のノートはクリップや輪ゴムでとめておく。

8 ノートの分量の目安としては、本の総頁数の10～15% ぐらいがよい（例；320頁の本なら、32～48枚）。

＊91頁に記入例を示した。

スペースに書かれた文や句——原則として一項目——は読みやすく覚えやすい。その三は、すべてのノートがはぎ取り式のメモ用紙に記入されている点である。筆記帳《ノートブック》と違って、はぎ取ったメモ用紙はどんな順序にも並び換えることができる。このことは、読んだ文献が二冊以上になったときに、さらに効果を発揮する。すなわち、読者は、ノートしたメモ用紙を一度ばらばらにほぐし、同じ内容のものをひとまとめにしたり、自分の興味や関心に従って並び換えたりしながら、一つの問題について多角的でより深い知識を得ることができる。この時、図1のBの部分に、その文献の著者名と頁数が記入されており、図1で示された「情報ノート」に、その文献の出版社名と発行年が記入されているから、出典が不明になることはない。

また、この読書法は、記入の仕方を「引用」と「要約」と「見解」の三種類に分けている（英語ではそれぞれ、quotation, summary, comment）。著者のことばをそのまま書き写す作業、すなわち引用は、ただ機械的にそれを書き写すのではない。そのことばを引用する必然的な理由を考えながら行わなければならない。したがって判断力と思考力が必要になる。著者が述

【VC・AT 法メモ用紙の記入例】

■情報ノート

	山崎正和
	『社交する人間』 中央公論新社 2003 年

■内容ノート

	社交とは
山崎 34	一定の時間と空間を限って人々が「適度に抑制された感情を緩やかに共有する」こと。ある類似性を中心にして形成されるグループでありながら第三者を受け入れる［感情的まとまりを持った開放的な人間関係］

	現代の市民運動
山崎 54	社会全体の改革を目指すような組織化されたものではなく「シングルイシュームーブメント」で、個人の参加の仕方は多様である。［一期一会的な参加といえる］

べていることを要約するためには、理解力、抽象化力、そして総合力が必要だ。見解は、意見とも感想とも言い換えることができる。これは、著者の考えや、著者が提供している情報に疑問を持ったり共感したりした時に、その根拠を書きとめておく作業である。たんなる印象や感覚的な反応ではない。やはり、主体的な判断力や思考力があってはじめて可能になる。

「VC・AT法メモ用紙」を活用した読書法は、大学生だけでなく高校以下のレベルの若者たちにも、指導のしかたを工夫すれば、十分適用できると私は考えている。（三省堂発行の『現代の国語1』四課では、調べたことを「カード」と「ノート」に記入する方法が示され、要約と引用の違いが説明されている。また、資料の出所［本の場合は著者名、書名、出版社名、発行年］を明記するよう指示されている。また『現代の国語3』の「資料編」には、一枚のカードに参考文献の著者名、書名、出版社名、発行年と、その文献の要旨及び［生徒の］感想を記入する方法が図解されている。）

ロシア語の同時通訳者米原万里氏によると、ロシアの小学校では「国語」すなわちロシア語は、文学と文法に分けて教えられる。文学の授業では、生徒は教科書を朗読したあと、今読んだ内容をかいつまんで話さなければならない。図書館にはプーシュキンやトルストイなどの国民的作家の著書がオリジナルのまま置いてあって、生徒がこれを借りて返すときに、そのあらすじを司書に話して聞かせなければならないそうである（米原万里『不実な美女か貞節な醜女か』徳間書店、一九九五年、二七五〜二七七頁）。

私は、わが国の小中学校でも、夏休みに読書感想文を書かせるかわりに、ロシアの小学校のやり方をヒントにして、読んだ本の要約文を書かせるのがよいのではないかと考えている。その本に書いてあったこと、すなわち事実だけを書かせるのである。高学年の生徒には、著者が提起している問題があればそれを抜き出して略述させ、それに対する自分の考えを書かせることもできる。このような作業の基本となるのが、右で紹介した「VC・AT法メモ用紙」を使った読書法で指導される、要約と引用のしかた及び見解の書き方であることは言うまでもない。テキストには低学年では古典及び現代の童話、高学年ではロシア流に明治以降の文豪と言われる人々の作品を使うのがよいのではないだろうか。このようにして、要約したり、適切に引用したり、見解を述べたりする、大学に入ってから行うより高いレベルの読書法と、感想文またはリポートの書き方の準備ができるはずだ。

2 作文・スピーチ・語彙

このように、作文の力をつけるためにはまず書物を読むことがよいということがわかる。フランスの中学校では夏休みに、生徒に莫大な量の本を読ませるという。それも、モンテーニュやラ・フォンテーヌなどの古典的作品で、生徒たちには意味がよくわからないものが多い。しかし彼らは、その中に書かれている散文や韻文を素読し音読するうちに、フランス語の文章の構造や、考え方の類型を学ぶのだそうである（『朝日新聞』一九九一年一〇月二一日）。

私はアメリカ留学時代の一年目に「オーラルイングリッシュ」という講座を取った。この講座では、おもにスピーチのしかたを学んだ。新聞や雑誌に掲載された有名な政治家や学者のスピーチ記事を切り抜き、それを小トピックに従って分類し、一つのテーマがどのような順序で展開されているかを理解してから、自分のスピーチの原稿を作る。そして、それを暗

（左）ミシェル・ユケーム・ド・モンテーニュ（Montaigne, Michel Eyquem de 1533–92）フランスの思想家，エッセイスト。有名な《随想録》*Essais de Messire Michel, Seigneur de Montaigne* は1580年に出版された。
（右）ラ・フォンテーヌ《寓話詩》*Fables* の邦訳『寓話　1』（谷口江里也訳，アルケミア，2003）表紙。ラ・フォンテーヌ（La Fontaine, Jean de 1621–95）はフランスの古典派詩人。《寓話詩》はイソップをはじめさまざまな素材を独特に咀嚼した畢生の代表作。1668–93年まで約240篇が書き継がれた。ギュスターヴ・ドレの挿絵も名高い。

記してクラスで発表するのである。フランスの中学のような、古典的な文学作品ではないが、格調高い現代アメリカ英語の口語文の構造と、他人を説得するための修辞法を学ぶという点で、両者は共通している。

この授業に出ていたのは、日常英会話の力を向上させたいと願う私を含めた二人の外国人留学生の他は、すべてアメリカ人の学生だった。担当教師にこの講座を取った理由を聞かれて、彼女たちの何人かは、将来学校の教師や舞台俳優になりたいからだと答えていた。教師や舞台俳優は人前で喋るのが仕事である。正しい発声と発音のしかた、そして、聞き手——俳優の場合は観客——を説得するのに必要な語法と表現力を身につけていなければならない。「オーラルイングリッシュ」の授業では、これらすべてを学ぶことができた。

日本の学校では、「国語」の時間にスピーチすなわち口頭発表のしかたが正式に教えられているだろうか。答えは否であろう。歴史的に、一般市民が人前で話をする習慣がなかったわが国では当然のことかもしれない。英語の"speech"を「演説」と訳した福澤諭吉は、演説は政治家や学者だけができればよいのではない、たとえば、女中が一家の主人に客の口上を上手に取りつぐのも演説である、と述べている（福澤諭吉「福澤諭吉全集緒言」（抄）、『日本近代思想大系16　文体』岩波書店、一九八九年、七二頁）。

私は、わが国でも、教師や俳優志望の若者はもとより、すべての子どもたちに正しい日本語の話し方を学校で教えるべきだと考えている。正しく話せるためには正しい文章が書けなければならない。そのためには、良い文章をたくさん読むことが必要である。古典的名著や

福澤諭吉（《慶應義塾卒業記念アルバム》1909 年、三田メディアセンター蔵）

卒業生との記念写真帖（《福澤諭吉先生肖像入慶應義塾卒業生寫眞帖 1》1893 年、三田メディアセンター蔵）

雄弁家と言われる人々のスピーチの原稿をくり返し読むこと、それが結局、わが国の小学生たちが苦手としている作文と口頭発表の能力を向上させることになるのではないだろうか。

説得力のある作文を書いたり、スピーチをしたりするためには、右に挙げた諸能力の他に、豊富な語彙を持っていることが必要である。高知大学では一九七七年に、「日本語技法」という講座を開講した。学生たちに、事実を正確に伝えたり、自分の考えを筋道立てて述べたりする力をつけるためである。この講座の開設に携った同大教授の吉倉紳一氏は、昨今の大学生の表現力の低下は、思考力が低下しているからであり、思考力の低下は彼らの語彙の貧しさによるのだと述べている（『月刊言語』一九七七年三月号、二〇頁）。

すでに述べたように、私は勤務校で教えている「英作文」の授業で、学生が体験したことをできるだけ具体的に書くように指導しているが、これがなかなか徹底しない。最近、その原因が彼女たちの日本語の語彙の貧しさにあるのではないかということに気がついた。たとえば、「ドレスを買った」ことを書くのに、"I bought a dress" とだけ言って、そのドレスの素材や色や柄やデザインには何の言及もしていない。「ケーキを焼いた」ことを書くときも同じである。「スポンジケーキ」なのか「パウンドケーキ」なのか、あるいは「チョコレートケーキ」なのかということが書かれていない。これは彼女たちに英語の語彙が足りないからではなくて、日本語の語彙が足りないことを意味している。この授業では、テキストの英文を日本語に訳す作業も行っているが、あるとき"hair gell"を「整髪料」と言い換えた学生に、それがどんな特徴を持っているかを説明させようとした。彼女はしばらく考えてから、「わかりません」と言って坐ってしまった。彼女自身は、日本語でも「ヘアージェル」と呼ばれている整髪料を使っていたのだが、それを見たことも触ったこともない者に説明することができなかった。「ジェル」という物質の特徴——「ねばねばしている」や「透明である」など——を言語化することができなかった。すなわち、そのための語彙がなかったのである。自分が買ったワンピースや自分が焼いたケーキの特徴を、英語で書き表すことができないのは、そのために必要な日本語の語彙がないからである。ここで必要な語彙はすべて名詞か形容詞（非主観的な）だから、考えついた日本語を和英辞典で引いて置き換えればよいわけだが、その日本語を考えつかないのだ。動物行動学者の小畑晶子氏は、近頃の若者のことばがわかりにくいのは、彼らが伝えようとしている事柄が、自分自身でもはっきりと摑めていないからだと述べている（小畑「若者たちのことばと身体」、『月間言語』一九九九年一〇月号、三頁）。はっきり摑めていないということはイメージ化されていないということであり、イメージ化されないのは語彙が貧弱だからなのである。

わが国の学校では読み方と書き方は教えられてきたが、話し方は教えられてこなかった。それは、わが国では一般市民が人前で話す習慣がなかったからだということを先に述べた。では、なぜわが国ではそのような習慣が生まれなかったのだろうか。その原因の一つは日本人の言語観であり、もう一つは社会体質であろう。

日本語のことばの語源は「事の端」であるということはすでに述べた。人が口にすることばは、実際に起った事柄の一端しか伝えることができない、だからことばで言い表されている内容はあまり重要ではない、という考え方が「事の端」の概念である（大野晋『日本語をさかのぼる』岩波書店、一九七四年、六二頁）。これはことば軽視の姿勢を示唆している。この場合のことばは、論理の伝達手段としてのことばである。

日本人の社会体質の一つに「権力の偏重」があることもすでに述べた。これは、わが国の組織内の人間関係がいまだに擬似封建的身分制度に則った関係であることを意味している。身分の低い者、あるいは年齢が下の者は、上位の者に向って「言挙げ」をすること、すなわち自己主張することができない。そして、謙虚で控え目であることが要求される。出る杭は打たれ、沈黙は金なりという考え方が行きわたる。

このように、日本人の言語観と社会体質はともに、沈黙または無言語を示唆している。人前でお喋りをしてはいけないのである。「お喋りの」という形容詞は英語で“communicative”という。この語を辞書で引くと、「お喋りの」の他には「話好きの」という訳語しか出ていない。ところがその反対の意味を持つ“uncommunicative”には、「打ち解けない」「気心の知れない」「話したがらない」「遠慮がちな」そして「無口な」という五通りの訳語が出ている（研究社『新英和大辞典』第六版による）。わたしたち日本人一般がいかに「言挙げ」に慣れておらず話下手であるか、すなわち福澤諭吉の言う「演説」がいかに不得手であるかということが、この訳語には現れている。

わが国では毎年、大学生や高校生のための英語のスピーチコンテストが行われている。私が勤務している短大の英文科では、在日英国大使館とM新聞社が後援する英語のスピーチコンテストに出場する者を選ぶための予備コンテストが毎年行われる。同じような規模で、日本語のスピーチコンテストが行われているという話はまだ聞いたことがない。私は、大学生と高校生、そして中学生も参加できるような、話力を競う日本語のスピーチコンテストを、全国規模で行うべきだと考えている。そのためには、中学と高校の「国語」の時間に「話し方」または「スピーチ」の指導を組み入れることが必要である。

最近、NHKテレビの報道番組で、事件を取材して報告する放送記者《リポーター》たちの話し方を視聴していると、時々原稿をちらちら見ながら棒読みするか、顔は上を向いていても原稿を丸暗記して話している。たいへん無様でぎこちない。「はあそうですか」というニュースキャスターの合の手が宙に浮いている。少しぐらいつっかえたり言い淀んだりしてもかまわないから、もっと心のこもった、自分のことばで、生きいきと話してもらいたい。わが国の学校の「国語」の時間には、歴史的に、普段着のことば、すなわち「生活語」ではなくて、よそゆきのことば、すなわち「文化語」が教えられてきたということを前に述べた。ＮＨＫのテレビ放送記者たちの話しことばは、まさによそゆきのことばである。話しことばは原則として、普段着のことばでなくてはならない。ＮＨＫのリポーターたちが、普段着のことばで、見てきたことを正確に叙述し、必要に応じて自分の感情を表しながら、血の通った報告《リポート》をすることができるようになるためにも、わが国の教育カリキュラムに「スピーチ」または「話し方」をぜひ組み込む必要があるだろう。わが国の中学と高校の「国語」教師や、大学の「国文科」または日本文学科の教師たちに、ぜひこの点について考えて頂きたいものである。

3
「道具教科」と「内容教科」のむすびつき
――ランゲージ・アクロス・ザ・カリキュラム

わが国の学校教育では、母語の日本語を正しくそして適切に表現するための技術指導が、書きことばの面でも話しことばの面でもおろそかにされてきた。他大学に先がけて「日本語技法」を開講した高知大学の吉倉紳一教授は、その理由を、日本の大学では「スキルやアート」は低級なもの、すなわち学問ではないと考えられてきたからだと述べている（『月刊言語』一九七七年三月号、二二頁）。英語の“skill”と“art”には「技術」という意味がある。一方、話し方や書き方のような言語技術を教える科目は「道具教科」である。話したり書いたりするのに必要な知識を教える科目は「内容教科」である（英語ではそれぞれ、“tool subject”と“content subject”）。日本人にとって「国語」は道具教科である。しかし、すでに述べたように、わが国では国語は、道具教科というより、むしろ内容教科として教えられてきた。

イギリスでは一九八八年に制定されたナショナルカリキュラムによって、全国の二〇〇〇余りの学校のすべてのレベルで、すべての科目と英語が密接に関連づけて教えられるようになった（山本麻子『ことばを鍛えるイギリスの学校』岩波書店、二〇〇三年、二三頁）。英語という道具教科と、それ以外の内容教科が同じコンテクストで教えられるようになったのである。英語教育と他教科教育の統合は、イギリスではすでに一九六〇年代に、「ランゲージ・アクロス・ザ・カリキュラム」（Language Across the Curriculum）という運動によって推し進められていた（Purves, Alan C., et. al., eds., *Encyclopedia of English Studies and language Arts*, National Council of Teachers of English, 1994, p.135)。イギリスでは、英語（国語）の授業で学んだことが他の教科内容を理解する助けになるという基本認識が、このように早い時期に教育者たちの間で生まれ、実践されていた。それが制度化されたのがこのナショナルカリキュラムである。

ナショナルカリキュラムにもとづいた義務教育課程（五歳から一六歳）では、英語の授業で、情報の収集と選別、分析、総合などのスタディスキルと、伝達などのコミュニケーションスキルが教えられる。これは学習の過程が結果と同じように高く評価されるからである。ある目的が達成されるまでに、論理的に的確なステップが踏まれているかどうか、という思考過程が重要視されるのである。したがってイギリスでは、英語がよくできる子どもは頭がよく、他の教科もよくできる優秀な人間だと考えられている（山本麻子『英国の国語教育』リーベル出版、一九九九年、一一二頁）。

ロシアの小中学校で学んだことのある小森陽一氏によると、ロシアでもことばの教育と他教科の教育が関連づけて行われているそうである。すなわち、ロシアの学校には「祖国の文学」と「ロシア語」という科目があって、「ロシア語」ではロシア語を正しく使えるように

ジョン・デューイ（Dewey, John 1859－1952）（Encyclopedia of Marxismのサイトより［http://www.marxists.org/glossary/］GFDL）

なるための訓練が行われ、「祖国の文学」では近代ロシア語の基礎を築いたプーシュキン以後の作家たちの作品の講読が行われる。こうして「ロシア語」の授業で身につけた語学力に助けられながら、そして、ロシアの国民的作家や詩人たちの言語表現に接しながら、ロシアの子どもたちは、「国語」だけでなく「社会科」や「理科」や「歴史」を同時に学ぶのである（小森『小森陽一、ニホン語に出会う』大修館書店、二〇〇〇年、三三二頁）。

イギリスで起ったランゲージ・アクロス・ザ・カリキュラム運動は、一九七〇年代にアメリカに伝わり、「ホール・ランゲージ」（Whole Language）という名称で概念化され実践されるようになった。当時アメリカでは実用主義哲学《プラグマティズム》を大成した教育学者ジョン・デューイの思想が教育界に広く受け容れられていた。彼は、子どもは社会的な存在であり、意味のある社会的状況におかれたときに最も効果的に学習する、と主張していることで有名である（Menand, Louis, *The Metaphysical Club : A Story of Ideas in America*, Farber, Straus and Giroux, 2001, pp. 319–330）。彼のこの主張は、ホール・ランゲージ運動の「ことばは社会的な現象である」という第一の基本概念と、「ことばは断片的でなく、状況《コンテクスト》の中で総合的に学ばれるものである」という第三の基本概念と相容れるものだった（Froese, Victor, ed., *Whole–Language Practice and Theory*, Allyn and Bacon, 1991, p.2 ; Raines, Shirley C., ed., *Whole Language Across Curriculum Grades 1,2,3*, Teachers College Columbia University / International Reading Association, 1995, p 2 ; Purves et al., 1994, p.694）。なお、ホール・ランゲージの第二の基本概念は「ことばの学習は個別的に行われるのが望ましい」であるが、これも個人主義が発達した二〇世紀後半のアメリカの、一学級の人数が比較的少い教育環境でこそ容易に受け容れられたのであろう。

このようにして、一九七〇年代以降、アメリカの高等教育のカリキュラムにはホール・ランゲージ運動の概念に則った学際的な学科目が次つぎに組み込まれるようになった。たとえばウィラメット大学で開設された"Literature of Natural Science"という科目は、英文学、化学、物理学、生物学、そして心理学を専攻する学生たちが受講できた。この科目の開設の動機は、将来医師や看護師を志望している学生たちが、患者の病状や疾患の治療法を正確かつ適切なことばで相手に伝えられなければ一人前とは言えない、という認識だった(Tchudi, Stephen, ed., *The Astonishing Curriculum Integrating Sciene and Humanities through Language*, National Council of Teachers of English, 1993, p.113, 116, 135 and 142)。

外国語としての日本語教育者のJ・V・ネウストプニー氏は、これからの日本語教育はことばの教育と専門教育をむすびつけて行うこと、たとえば、法律を学んでいる学生には法学の文脈で日本語文法を教えるのが望ましいと述べている(ネウストプニー「人文主義と合理主義と」、『月刊言語』一九九九年四月号、五〇頁)。ウィラメット大学ではこれと同じことを、学生の母(国)語の英語で行ったわけである。

先に挙げたイギリスの例からもわかるように、道具教科がよくできる子どもは内容教科もよくできるのである。日本語学者大野晋氏は、「算数の応用問題ができない子供の半分は、算数ができないのではない。国語力が不足していて、問題の意味が分らないのだ」と述べている（『朝日新聞』二〇〇一年八月二九日「天声人語」より）。算数だけでなく、社会科や理科についても多分同じことが言えるのではないだろうか。

「アート」や「スキル」を低級なものと蔑視せずに、道具教科の「国語」をすべての内容教科と関連づけて行うような指導を、わが国でも全国的な規模で始めるべきである。それは、初等教育のレベルでは、教師の取り組み方次第である程度実現できるだろう。しかし、中学と高校以上のレベルでそのような指導をするためには、特別な資格を持った教師が必要になるだろう。これから日本語教育に携わる者には、日本語についての体系的な知識だけでなく、政治、経済、社会、歴史などの社会科学や科学技術《テクノロジー》、医学などの自然科学の分野の知識が必要になるのは必至である。そのためにはわが国の大学も、準専攻制度を導入すればよい。その結果、まだ始まって間もないわが国の学際的な研究が推し進められるだろう。四〇年前にイギリスで始まり、その後アメリカに渡って「ホール・ランゲージ」という名称で広まった言語教育の実践を、今やわが国でも真剣に考えるべき時が来たのではないだろうか。

4 ロゴス志向の母語教育

二一世紀も五年目を迎えた。これからの日本人のための日本語教育、すなわち母語教育はどうあるべきか。それはまず、論理志向であることが望ましい。次に、それは他教科と連携させて行うことが望ましい。そして、論理志向の日本語教育は、母語としての英語教育の方法論を参考にして行うことが望ましい。ここに、母語としての日本語教育と、英語という外国語教育の連携が生まれる。今まで述べてきたことをまとめると、このようになるだろう。

わが国の伝統的な「国語」教育が、文学志向であり情緒志向であることはすでに述べた。その原因が、わたしたち日本人の民族性と言語観にあるということも述べた。日本人の言語観とは、ことばは起っている事柄の一端しか伝えることができない、だからあまり重要ではない、という考え方、すなわち日本語の《ことば》の語源である《事の端》観に由来しているということも、随所で触れた。そして、この言語観が、日本人の民族性の中核とも言える「情緒性」と相まって、感情の表現手段ということばの役割の一方だけが重要視され、論理の伝達手段というもう一方の役割が軽視されてきたのである。

日本語の「ことば」の語源が《事の端》であるのに対して、英語の《ことば》すなわち"word"の語源は《ロゴス》である。ロゴスはもともと、理性を意味するギリシャ語だったが、現在では、議論、判断、理由、根拠、概念などの意味で使われている（稲富栄次郎『日本人、言葉、文化』学苑社、一九七八年、二六七頁）。私は、二一世紀の日本を背負って立つ子どもたちを、良き市民に育てるためには、ロゴスの概念に則った言語教育をすることが必至だと考えている。良き市民とは、政治に関心を持ち、社会や国家に対して、批判的な意見や主張を発言することのできる人間のことである。そのようなことができるためには、彼らは、論理の伝達手段としてのことばを使って、質問したり反論したり説得したりする言語技術を身につけていなければならない。ひとつ「国語」教育の場だけではなく、それは、すべての科目の、そしてすべてのレベルの教育の場で行われなければならない。それはまた、学校だけでなく家庭でも行われなければならない。
論理志向の言語教育、それは自分の頭で考えることのできる人間を育てる教育である。以下で、そのような教育の可能性を考えてみたい。

いま、日本人の学力低下が大きな社会問題となっている。日本の子どもたちの学力が、この一〇年の間に世界的に低下しているという、国際教育到達度評価学会の調査結果が出たばかりである（『朝日新聞』二〇〇四年一二月一五日）。それによると、理科の成績が中学生で五年間に四位から六位に、小学生で九年間に二位から三位に、それぞれ下がっている。いや、問題は小中学生、そして高校生や大学生だけではないようである。ものを知らない層は、今や企業の社員にまで広がっているらしい。企業はその発展のために、独創性のある人材を必要としている。しかし数学や国語の基礎が身についていない者に、独創的な考えを期待するのは無理だと考えた企業経営者たちが、社員の能力向上のために、社内授業を行ったり、研修会社の作った練習問題を社員に課したりしているという（「ニッポンの学力②」、『朝日新聞』

二〇〇二年七月二二日)。

文字どおり「一億総白痴化」(大宅壮一氏がテレビ時代を予言した言葉)と言える、現代日本人の学力低下をもたらした元凶は何だろうか。その筆頭が、悪名高いわが国の大学入試制度であることは疑いの余地がない。記憶力だけを重視したわが国の大学入試制度は、日本の子どもたちから考える力を奪ってしまった。大学入試を通った若者たちはたしかに、データや事実を断片的に並べることはできる。しかしそれらの相互関係を論理的に説明することはできない。分析したり、総合したりする力がないからである。

わが国の高校や大学の入学試験で、記憶力が最も重視される科目は歴史ではないだろうか。ある事件が起った年号や関係のある人物の名前などを、学習者は丸暗記していればよい。歴史上の出来事は「暗記の対象」だと考えている者がいても不思議ではない(中学校教師の投書、『毎日新聞』二〇〇三年六月二九日)。これに対してイギリスでは、どうも事情が違うようである。中学生時代をイギリスですごしたある日本の高校生は、歴史の授業でチューダー王朝について勉強した。その期末試験には「ヘンリー八世がローマ・カトリック教会と離れた理由をあげて、詳しく述べよ」という題で、一か月かけて論文を書くことが課せられたそうである（『朝日新聞』二〇〇二年一一月一三日「声」）。

すでに述べたように、イギリスでは「ランゲージ・アクロス・ザ・カリキュラム」運動が制度化され、義務教育課程におけるナショナルカリキュラムとして定着しているが、この制度の下では、「英語」の指導が他のすべての教科内容に関連づけて行われる。この高校生が受けた歴史の授業でも、それが行われていたことが考えられる。「英語」の授業で教えられるスタディスキル、すなわち情報の収集と選別、分析、総合などのしかたが指導されていたにちがいない（山本麻子、前掲書、一三五〜一三八頁）。これらの能力は論文を書くためになくてはならない能力である。また、その作成期間が一か月あったということは、その論文を書くのに必要な文献や、それ以外の情報を検索し、手に入れ、それらを読んで理解するのに十分な時間が与えられていたということである。イギリスでは、学習の過程、すなわち論理的な思考過程が、結果と同じように重視されるのである（山本、同上）。

フランスには、国際的な大学入学資格を取得するための「国際バカロレア」というカリキュラムがある。このカリキュラムを修了した学生たちは、最後に行われる試験で、教師の質問に対して正しい答を言うだけではなく、なぜそれが正しいと思うのか、その判断の根拠を述べて、教師を説得しなければならない。また、他の学生が自分とは違う答を出したときは、その学生の説明に耳を傾け、相手と徹底的に議論することが求められているそうである。

イギリスの学校で「英語」の授業をつうじて教えられる諸能力、すなわち情報を収集し、選別し、それを分析し、総合して発表するという能力は、西欧語の語源の一つであるギリシャ語の《ロゴス》が辿ってきた意味の変化を表している。ギリシャ語のロゴスは、《集める》から《数える》《選び出す》《筋道を立てる》、そして《話す》というふうに意味が変わってきた（大野晋『日本語をさかのぼる』岩波書店、一九七四年、六三頁）。また、フランスの国際バカロレアで鍛えられる、《判断》し、《根拠》を述べ、そして《議論》する諸能力も、まさに、今日《ロゴス》が意味するところのものである。

このように見てくると、イギリスやフランスでは、論理の伝達手段ということばの第一の役割が、非常に重要視されていることがわかる。イギリス人の母親は、生後三か月の赤ん坊に話しかける時でさえ、的確なことばを使って「情報供給的」な会話をすると言われている。そのような場合、日本人の母親が、大人同士では使わないような、ナンセンスなオノマトペを使うのと対照的である。子どもが幼稚園に入る頃になると、イギリス人の母親は子どもに、その日起った出来事についていろいろ質問し、詳しく説明させる。一方日本人の母親は、子どもの話の結論を確認したり承認したりするだけで、詳しいことは推測しながら聞いてやる。子どもが口にすることばの数は必然的に少なくなる（山本麻子、前掲書、二八〜二九頁）。イギリスでは、子どもたちが小学校に上る前から、ことばを尽くして事実を叙述する訓練が家庭で、母親によって行われているわけである。そして、小学校の低学年で受ける「スピーチ」や「トーク」の授業で、相手の話に熱心に耳を傾け、論点があいまいだったり、証拠が不当に使われていたり、根拠のない議論がされていたりした時には、それを論駁する練習をさせられる（山本麻子『ことばを鍛えるイギリスの学校』岩波書店、二〇〇三年、六五〜六六頁）。

イギリスのナショナルカリキュラムで行われている、論理志向のことばの教育は、家庭で、母親たちによって始められる。わが国でそれと同じことを期待するのは、まったく不可能だろうか。歴史学者石尾芳久氏によれば、わが国でも鎌倉時代には、法廷で一般の人々による活発な論争が行われていたらしい。それはおもに民事事件の不動産訴訟の裁判で、当事者双方の口頭弁論のほか、証拠書類の提出も求められた。その当事者の中には女性もいたという（石尾『一向一揆と部落』三一書房、一九八三年、二六〜二七頁）。このことは、一二三二年に制定された「御成敗式目」が、武家の女子に男子と同じように財産相続権を認めていたという歴史的事実からも納得がいく。わが国でも、中世の頃は、議論や証拠書類にもとづいた公正な裁判が重んじられていたことがわかる。* また、当時の武士団の結合は契約にもとづいて行われ、契約を守らない君主に対して武士たちは、中世ヨーロッパの騎士が行使していた「抵抗権」に近い権利を主張することができたらしい（石尾、前掲書）。仏文学者の渡辺守章氏も、《義理》という日本語が、この時代には「ことばで筋道を立てる」という意味で使われていたことを指摘している（加藤周一他「翻訳ということ」、『文学』一九九二年冬号、五頁）。

＊中世の日本において、こうした議論や論争の習慣は法廷だけにあったのではなく、各宗派の僧侶たちが天皇の前

で論争したり、織田信長がキリスト教宣教師たちと論争したりするケースもあったと言われている。

しかし江戸時代になると、民事裁判は調停や和解を意味する「内済」が多くなり（石尾、前掲書）、いわゆる「大岡裁き」が一般的になる。これは、中世と近世の間で社会制度が大きく転換したからだと考えられている（加藤他、前掲論文、六頁）。

わが国でも、ヨーロッパ語が入ってくる以前の中世の時代に、ロゴス志向の言語習慣があったのである。平成の現代にそれを復活させることは不可能ではないはずである。そのために必要な母語教育の方法論については、第四章ですでに述べた。しかし、ことばの教育は学校だけで行われるのではない。日本人にとっての日本語を母語と言うように、それはまず、家庭で、母親によって行われる。私は、日本のお母さんたちも、イギリスのお母さんたちのように、家で、幼い子どもたちと会話をする時、子どもたちにもっと喋らせるようにしたらよいのではないかと考えている。結論だけを聞いて納得するのではなく、根掘り葉掘り、質問しつづけることが必要だ。その時、大人同士では使わないようなオノマトペ的ナンセンス語は使ってはならない。的確なことばを使って話しかけ、相手の質問にも的確に、ことばを惜しまずに答えてやらなければならない。学問とはその字のとおり、問うて学ぶことである。学問のことばはロゴス志向のことばである。母親と子どもが、互いにことばを尽くして質問し合い、互いに誠実に応じ合うようになれば、わが国にもふたたび、ロゴス志向の言語習慣が根づくのではないだろうか。

第六章　新時代の英語教育

1

「インターアクション」教育

わが国の英語教授法の中心は、長い間訳読法だった。敗戦の年の一九四五年以降、いわゆる英会話ブームが到来したが、それは正式な教授法にはならなかった。しかし、国際性ということばがマスメディアを賑わしはじめた一九八〇年代の半ば、国際性イコール英語が話せること、という図式が生まれ、英会話教育が中学と高校のカリキュラムに組み込まれるようになった。そして、一九八九年の『新指導要領英語科』の目標に、「ディスカッション」や「ディベート」の能力養成が挙げられ、それを受けて一九九三年には、高校に「オーラルコミュニケーションC」という科目が設けられた。

英語によるコミュニケーション能力は、英語の運用能力が身につけば自動的に養成されるものなのだろうか。この点について、わたしたち英語教育に携わる者は、外国語としての日本語教育に携わる人々から教えられるところが大きい。

外国人向けの日本語教育は、十五年戦争中に、わが国の植民地政策の一環として、東南アジア各地で行われていた。それは、日本人向けの「国語」教育と同じやり方で教えられた（川村湊『海を渡った日本語』青土社、一九九四年）。戦後開発された外国人のための日本語教育は、これとは別のものである。これは、日本で勉強する外国人留学生や、日本の企業で働く外国人ビジネスマンをはじめ、広く日本文化に関心を持ち、研究活動を行っている外国人を対象にしている。

この新しい日本語教育では、一九六〇年代になって、コミュニケーション能力の養成がその目標の主流を占めるようになった。しかし、コミュニケーションは、人間の行動の目的ではなく、手段にすぎない、人間はコミュニケーションするためにコミュニケーションするのではない、社会的経済的そして文化的実質行動《インターアクション》のためにコミュニケーションをするのだ、という見地から、その目標に「インターアクション教育」が加えられた。新しい日本語教育の目標には、今や、言語運用能力およびコミュニケーション能力の養成と並んで、インターアクション教育が、その三本柱の一つをなしている（ネウストプニー、J・V『新しい日本語教育のために』大修館書店、一九九五年、一〇～一八頁、六七～六九頁）。

「英会話」（English conversation）ということばが、日本人しか使わないことばで、それが拝英米思想を示唆していることを指摘したのは、国際政治学者のダグラス・ラミス氏である。氏は、三〇年前に著した「イデオロギーとしての英会話」という論文の中で、外国人（欧米の白人）と見れば誰彼の見境なく近づいて行き、「お国はどこですか」だとか「日本の食べものは好きですか」だとか「日本にはいつ来ましたか」などの前後の脈絡のない質問を次々に浴びせかけ、それぞれの答を確認するとどこかへ消えてしまう日本人が多いことを、静かな口調に怒りをこめて述べている。そして、これらの質問を「外国人向けのお定り質問一覧」と名づけている（ラミス、ダグラス／斎藤靖子他訳『イデオロギーとしての英会話』晶文社、一九八二年、一三三頁。ここで取り上げた論文は、『展望』一九七五年二月号に発表された）。これはまさに、コミュニケーションのためのコミュニケーションである。

一九五〇年頃から七〇年代にかけて、全国の中学校で広く使われていた*JACK and BETTY*という題の英語の教科書があった。テキストは、おもにジャックとベティというアメリカ人の中学生が、生活のいろいろな場面で交わす（だろうと想定された）会話から成っていた。その中には、**I have a pen** や **This is a table** のような構文の簡単な英文がたくさん使われていた。作家清水義範氏の短編「永遠のジャック&ベティ」（『小説現代』一九八五年一月号に「邂逅」という題で発表されたものを改題し、八八年に講談社から刊行された同題の単行本に収録されている）は、それから三四年後に、中年となったジャックとベティが、アメリカのある小都市の街角でばったり出会うところから始まっている。懐しさのあまり「言語中枢が三十数年分退化した」二人は、不自然で、堅苦しい、奇妙なことば遣いで会話を始める。まず、互いに連れのいないことを確かめてから、「一杯のコーヒーか、または一杯のお茶を飲みましょう」「はい。そうしましょう」と言って近くのコーヒー店に入る。とたんに、「これはテーブルですか」「はい。これはテーブルです」ということばが飛びだす。そして、このような

20 HOW DO YOU DO?

1

Betty: Good morning, Jack.

Jack: Good morning, Betty. It's very cold today.

B: Yes, it is. Do you know my father?

J: No, I don't know him.

B: Do you know my sisters?

J: Yes, I know them very well.

研究 1. *It* is very cold today.

2. I know him *very well.*

---

good [gud] **morning** [mɔ́:rniŋ] **cold** [kould] **today** [tədéi]

練習 この対話を暗唱しましょう.

84 ≪ eighty-four ≫

STANDARD JACK and BETTY（文部省検定済中学校外国語科用、1965 年）より

「無意味」で「間の抜けた」会話が延々と続くのである。

わが国の英語教育はこのように、コミュニケーションのためのコミュニケーション活動を奨励してきた観がある（拙著『これでよいのか英語教育』新評論、一九九二年、八七〜八八頁に、そのような英会話教育を行っている高校と大学の例を三つ挙げてある）。大学の英文科には、いまだにE・S・S（English Speaking Society, 英会話クラブ）という課外活動組織がある。そこへ学生たちは、英語でほんとうに話したいことを話すためにではなくて、ただ英語を話すために集まるのである。

私は、わが国の英語教育が長い間ないがしろにしてきたインターアクション教育を、今すぐにでも始める必要があると感じている。実質行動をともなった、外国語によるコミュニケーションは、文法と発音と語彙を覚えるだけでは達成できない。日本語教育者のJ・V・ネウストプニー氏は、そのためには「ためらいや自己訂正の表し方」と並んで、「話題の提供と展開」のしかた、「ていねいさの度合」と「自分のパーソナリティ」の伝え方などを習得していなければならないと述べている（ネウストプニー『外国人とのコミュニケーション』岩波書店、一九八二年、九九頁、一五八頁。著者はこれらを、「文法外のコミュニケーションルール」と呼んでいる)。インターアクション教育とは結局、社会生活をそつなくこなしていくための人格教育でもあるということがわかる。それができていれば、相手の気持や都合を無視して、「外国人向けお定まり質問一覧」を浴びせかける日本人は減るだろうし、成人したジャックとベティの間で交されたような、「不自然」で「無意味な」会話を外国人相手にする日本人も減るだろう。

2 辞書の使い方

わが国の高校や大学の入学試験で、記憶力が最も重視される科目は歴史ではないかということを前に述べた。英語の入学試験にも、実は、記憶力に頼らなければならない問題が少なからず出る。それはごく一部の大学をのぞいて、辞書の持ち込みが許されていないからである。英文和訳をはじめ、慣用句の一部の穴埋め問題などは、そこに使われている単語や句の意味を正しく記憶しているかどうかが、正しい答を書く決め手になる。受験生たちはこのために、単語帳や単語カードを丸暗記するのである。毎年、私の勤務校を受ける高校生たちの、英文和訳の答案を読んでいて気になるのは、構文はわかっているのに単語の意味がわからないために、常識では考えられないような珍文や迷文を書くケースが、あまりにも多いことだ。つづりの一部が似ているというだけで、自分がよく知っている別の単語の意味に置き換えて訳す者がいれば、英語の単語そのものを、意味不明のままカナ書きにして訳文の中に入れている者もいる。私は、毎年二月から三月にかけて全国の大学の試験場で、このようなわけのわからない日本語の文章が堂々と書かれていることは、わたしたち日本人が、ことばをいかに粗末に扱っているかということを証明しており、日本人の言語生活にとって憂慮すべき大問題だと考えている。

この問題を解消するためにはどうすればよいか。それには、英語の入学試験で辞書持ち込みを許可すればよいのである。辞書は、ただ機械的に引けばよいのではない。その文脈の中で、最も適切な訳語はどれかということを考えながら引かなければならない。また、辞書には最大公約数的な訳語しか出ていないから、それぞれの場合に応じた訳語を、自分で考え出さなければならないこともあるだろう。夏目漱石は、かつて東大で英語を教えていた時、ある日間違った訳をした学生が「辞書にそう出ていました」と弁解したら、「辞書が間違っている。辞書を直しておけ」と言ったそうである（川島幸希『英語教師夏目漱石』新潮社、二〇〇〇年、一四四頁）。この学生はおそらく、辞書に出ている最大公約数的な訳語を、そのまま使ったのだろう。私も、勤務校の英語の授業中に、何度も同じような経験をしている。そのような場合、私は、自分の考え出した訳語を、その辞書の編集部宛に文書で送り、次の版にその訳語を加えることを考慮してもらうように、学生を通じて依頼することにしている。たとえば"remind"を研究社の『新英和大辞典』（第六版、二〇〇二年）で引くと、「…のことを思い出させる」「思い起こさせる」「気づかせる」という三通りの訳語が出ている。私は、一〇年ぐらい前から、この三つの訳語のいずれもが、日本語としてぴたりと収まらない場合があることに気づいていた。ある時、「念を押す」という訳語を思いつき、例によって学生たちに、それを新しい版に加えるよう提案してもらった。学生たちがどの出版社と交渉したかは知らない。しかし、私の知る限りでは、「念を押す」を "remind" の訳語に挙げている英和辞書はまだないようである（研究社『新英和大辞典』第六版には、"Let me (May I) ~ you that…" という用例に「…ということを念のために申し上げますが」という訳が出ている）。

くり返しになるが、辞書を引くという作業は決して機械的な作業ではない。与えられた文脈の中で最も適切な訳語を見つけたり考え出したりするという、知的で論理的な作業である。このように考えると、大学や高校の入学試験場に、英語の辞書を持ち込ませることは、受験生を甘やかしたり怠けさせたりすることではなく、このような知的論理的訓練を中学や高校で行うことにつながり、結果的に母語としての日本語教育が促進されることになるのである。これも、英語教育と日本語教育を連携させて行うことに他ならない。

3 比較文化及び対照言語学的視座《アプローチ》

わが国の中等教育に英語が導入されたのは、学制が制定された一八七二年（明治五年）であった。それ以来一三〇余年の間、太平洋戦争中の数年を除いて、英語は日本人にとって最も身近で人気のある外国語として学ばれつづけてきた。その間に起った二度の英語存廃論争*にも大した打撃を受けず、一九九〇年代に頭角を現した反英語帝国主義論にも怯《ひる》むことなく、英語は、現在義務教育課程で教えられる唯一の外国語となり、高校と大学の必須入試科目となって、国を挙げて学ばれつづけている。

＊第一回目は一九一六年（大正五年）の大岡育三や藤村作を中心とした普通教育における英語廃止論。第二回目は、一九七五年に『諸君』誌上で平泉渉氏と渡部昇一氏との間で闘わされた「英語教育論争」（川澄哲夫編『資料日本英学史2』大修館書店、一九七八年）。

外国語を学ぶ動機には「実用的動機」（instrumental motivation）と「統合的動機」（integrative motivation）の二つがある。実用的動機とは、その外国語を実際に使う必要に迫られることである。それを学ぶ人はその外国語を、生活上の道具（instrument）として使いこなさなければならない。統合的動機とは、その外国語の背後にある文化や思想を、その外国語の運用能力とともに学びたいと願うことである（Flaitz, Jeffra, *The Ideology of English French perceptions of English as a World Language*, Mouton de Gruyter, 1988, p.39）。明治の開化直後のわが国の知識人たちは、これら両方の動機によって英語を学んだ。大正期になると、実用的動機の比重は減少した。この傾向は、昭和を経て平成の現在もほとんど変わらないと言ってよいだろう。ただ、海外への留学が容易になり、企業の多国籍化が進み、インターネットが発達した現代では、実用的動機で英語を学んでいる日本人がひと頃よりは増えているかもしれない。しかしそのような人々は、全人口の中のごく一部であろう。いま学校で英語を学んでいる中学生や高校生や大学生の大半は、短期間の海外旅行などを別にすれば、そこで身につけた英語を生活上の道具として使うことなしに、一生を終えるのではないだろうか。日本人は、学校で六年間あるいは一〇年間英語を学んだのに英語が下手だ、とよく言われる。それは、ほとんどの日本人にとって、英語を学ぶ動機があいまいだからである。

実用的動機も統合的動機も持ち合わせていない大多数の日本人のための英語教育は今後ど

んな目標を設定し、どんな方法論で行うのがよいだろうか。私は、新時代の英語教育は、まず、比較文化及び対照言語学的視座《アプローチ》に立ったやり方で、次に、学習者の母語である日本語教育と連携させて行うのが望ましいと考えている。学習者は、英語を日本語と比較しながら学ぶことによって、日本語のしくみと日本人の言語習慣を知る。そして、ある民族の言語習慣は、その民族の民族的特性と社会体質に深い関係があることを学ぶ。英語学習を通して日本語と日本文化を再認識するのである。その結果、日本人としての民族性を自覚した上で主体性が強められ、英語と英語文化を客観的に眺める目が養われることになれば、いま日本社会に蔓延している「英語帝国主義」状況は、解消の方向へ向うかもしれない（この問題については次章で論じるつもりである）。

このように、私の考える新時代の英語教育とは、英語という外国語を通して、日本人の民族性と社会体質を明らかにすることを究極の目標としている。次に挙げるのは、その方法論のための検討項目である。

求心的発想

日本語の発話は最後まで聞かないと、それが肯定的な発話なのか否定的な発話なのかわからない。日本語は、肝心のことまたは核心を文の最後に述べる構造を持っているからである。典型的なのは、日本の伝統文学の一つの和歌であろう。「田子の浦ゆうち出《いで》てみれば白妙の富士の高嶺に雪は降りつつ」（山部赤人）のように、「富士山に雪が降っている」という肝心のことは最後に述べられる。それまでの導入部は、第二章で論じた日本語の特徴の一つ、装飾表現である。このように、周辺的なものから中心的なものへ進んでゆく発想は求心的発想である。それに対して、中心的なものから周辺的なものへ進んでゆく発想は遠心的発想である。肝心のことを文の最初に述べる英語は、遠心的発想を持った言語である。

このような日本語と英語の対照的な構造は、たとえば関係代名詞で導かれる名詞節を持った英語の複合文を日本語に訳すときにはっきりと示される。“I lost my purse which my aunt had given me on my 20 th birthday” という英文は「私は叔母が私の二〇歳の誕生祝いにくれたハンドバッグを失くしてしまった」となる。英語では “lost” すなわち「失くした」が、文の初めの"I"という主語のすぐ後に置かれるが、日本語では、それは文末に置かれる。この構造の違いは手紙の宛名の書き方からも説明できる。日本語では、都市名の次に区名、町名、番地とつづき、最後に氏名が書かれる。英語はこの逆である。手紙を読んでもらいたい相手の氏名が真っ先に書かれ、その後に番地（道路名を含む）と町名、そしてアメリカの場合は州名などが書かれるのである。

求心的発想は、日本人が他人にものを贈るときに幾重にも包んだり、謝礼やお祝いのお金を渡すときに、必ず封筒に入れたり半紙などで包んだりして渡す好意にも現れている。それを受け取った人は、包装を解くまで中に何が入っているかわからない。肝心の中味、その行為の核心は最後に明らかになるのである。

依存的関係を示唆した表現

日本人は主体と客体、すなわち自分と他人の区別があいまいであるということはすでに述べた。このことは、土居健郎氏の「甘えの理論」によっても解明されている。一方、個人主義の思想の発達した西欧では、人は皆それぞれ切り離された存在だと考えられている。甘えまたは同化と対立という民族性の違いは、日本語と英語の発想と表現にどのように現れているだろうか。

最近、私の勤務校の短大のある英語の授業で、"No one warned me that it would rain this hard today" という英文を日本語に訳させてみた。最初にあてた学生は「誰も私に今日こんなにひどく雨が降るだろうと警告しなかった」と訳した。次の学生も同じだった。間違いではないが、日本語としてどこかがしっくりこない。どこがおかしいのだろうか、と考えさせているうちに三番目の学生が、「誰も私に今日こんなにひどく雨が降るだろうと警告してくれなかった」と言い直した。

現代日本語の動詞の連用形につく「くれる」は、授受の補助動詞（donatory verb）と呼ばれている。「やる／あげる」も授受の補助動詞である。これは、ある人の行為がそれを受ける人にとって恩恵（または損害）となる場合に使われる。授受の補助動詞は、行為の仕手と受け手がたがいに独立しておらず、一方が他方の好意を期待したり他方に義理を感じたりする関係、すなわち心理的物質的に依存し合った関係であるときに使われる。

右に挙げた英文は、目的語が二つあるいわゆる第四文型（ＳＶＯＯ）だが、この文型の英文を日本語に訳すとき、原文にはない「くれる」や「やる／あげる」をつけ加えなければならないことがよくある。たとえば "My father bought me a dictionary" は、「父が辞書を買ってくれた」になり、"I told my little brother a story" は「（私は）弟にお話をしてやった」となる。

夏目漱石の『坊っちゃん』の主人公は、ばあやの清に心理的にも物質的にも依存している人物として描かれている。第一章に清の坊っちゃんに対する行為を坊っちゃんが回想する場面があるが、わずか二頁足らずの箇所に「くれる」と「あげる」が一一回使われている。たとえば、「自分の小遣いできんつばや紅梅焼きを買ってくれる」や「金を三円ばかり貸してくれた」、そして清のことばとして「取り換えてきて上げます」などである。これはそれぞれ、"She would buy me, out of her own money, Kintsuba cakes or Kobaiyaki biscuits", "She even lent me three yen" そして "I'll go and change them for you" と英訳されている。

このように依存と自立または同化と対立という対照的な民族性が、同じコンテクストで使われる日本語と英語の表現の違いに現れる。

身分関係を示唆した表現

日本人の社会体質の一つに権力の偏重があることはすでに述べた。このような社会では敬語が発達する。英語にも敬意表現はある。しかしそれは、話し手の正真正銘の敬意や思いやりを表す修辞法としてあるのであって、日本語のように語彙（「召し上がる」「いただく」などど）や文法体系（「です」「ます」など）として存在するのではない。

英語の文献を日本語に訳すとき、作中の人物の身分や年齢にもとづいて、そこで使われていることばを場面に合った敬語にする作業は、おそらく自動的に行われるだろう。訳者は、すでに語彙や文法体系として成立している日本語の敬語を、そのまま使えばよいのである。

しかし実生活では、日本語の敬語はもっと複雑なしくみで使われているようである。たとえば《あなた》という二人称の呼称が使える相手は非常に限られている。相手の年齢や職業に応じて、《おじさん》と呼んだり、《先生》や《社長》と呼んだり、姓に《さん》をつけて呼んだりしなければならない。英語では相手が誰だろうと"you"で言及できるのとは大違いだ（最近までＮＨＫ衛星放送で放映されていた『ザ・ホワイトハウス』というアメリカのドラマの日本語の吹き替えが、大統領の側近たちに大統領を《あなた》と呼ばせているが、これは日本人の言語習慣には相容れない表現である）。

また英語では、目上の人に向っても目下の人に向っても"Do you want to go?"と言えるが、日本語では目上の人に向って「行きたいですか?」はもちろん「いらっしゃりたいですか?」とも言ってはならない。「いらっしゃいますか?」と言わなければならない。「○○したいか?」という問いかけは、話し手の聞き手に対する権限が示唆されるからである（菊地康人「上下の言語学」、『月間言語』一九九六年五月号、四八〜四九頁）。

ウチソトを区別した表現

日本語教育者の小出詞子氏は、"Please stay and eat supper."が「晩ご飯食べていらっしゃい」となる点を取り上げて、この発話に含まれる《留まる》（stay）、《食べる》（eat）、《去る》(go) の三つの行為のうち、英語では初めの二つが、日本語では終りの二つが言い表されているが、このずれはどんな文化的要因によって起るのだろうか、という疑問を投げかけている (小出詞子『日本語教育とともに』凡人社、一九九一年、三七頁)。

私は、このずれは、ウチとソトを区別するわたしたち日本人の社会体質に起因しているのだと考えている。ウチとソトを区別するということは、同じミウチ集団に属する人々とその他の人々を区別して、接し方を変えることである。「晩ご飯食べていらっしゃい」は、家族またはその他のミウチ集団に属する人々以外の相手に向って言われる。晩ご飯を食べ終ったら、相手はその場から立ち去って行くことが想定されている。英語にはない《去る》(go) という行為を表す動詞が加えられるのはそのためである。

ウチとソトを区別した言語習慣の代表格は、《行ってきます/行ってらっしゃい》と《ただいま/お帰りなさい》という二対のあいさつであろう。第一のあいさつは、当事者が、遅かれ早かれ再び出会うことを予想した言い方だし、第二のあいさつはその予想が実現した時の言い方である。つまりこの二対のあいさつは、家族や同じ集団に属する者同士、すなわちウチの者同士の間でだけ交されるあいさつである。では、ソトの者に対しては、同じ状況でどんなあいさつが交されるのだろうか。それは《さよなら／さよなら》と《こんにちは／こんにちは》であろう。英語では、まさにこの互換的なあいさつ、"good-bye / good-bye"と、"hello / hello"が、家族や友人の間でも、初対面の者同士の間でも、同じように交される。英語話者たちは、日本人のようにはウチとソトを区別しない人々なのである（このことは、日本人はふつう、自分の父親のことをウチの者に向っては《お父さん》と言うが、ソトの者に向っては《父》というのに対して、英語話者は、どのような相手に向っても"father"と言うことからも説明できる）。

以上、わたしたち日本人の言語習慣が、求心的発想を表し、依存的人間関係と身分関係を示唆し、そしてウチとソトを区別していることを、実例を挙げながら明らかにしてきた。求心的発想は核心をぼかすことである。それは情緒性を重んじる文学作品の表現には向いているかもしれないが、合理性を重んじる機能的な人間関係ではマイナスに働くであろう。依存的な人間関係は知的対立を拒否し、情緒的一致をよしとする関係である。身分関係は、権威主義的な関係であり、ウチソトの区別は、家族主義的な集団で行われる。わたしたちの言語習慣に反映されている日本人のこのような民族性と社会体質は、それとは対照的な特徴を持っている英語と比較した時に、より鮮明になる。これが英語教育を通して、学習者に日本語と日本文化を再認識させるということに他ならない。

いま、わが国の教育現場で、比較文化及び対照言語学的視座に立って英語を教えている英語教師は決して少くないだろう。それを個別的に行うのではなく、制度化しなければならない。そのためには、英語そのものについての知識と、比較文化と対照言語学の知識、そして、日本語についての体系的な知識を持った教師を養成することが必要である。このような広範囲の知識は、どのようにして習得することができるだろうか。私はそのためにまず、現在、英語教師の養成の場となっている大学の英文科を解体し、新時代にふさわしいカリキュラムを備えた新しい学科を創設する必要があると考えている。

わが国では、明治の開化とともに、人々の間に異常なまでの英語熱が高まった。その結果、外国語教育課程における英語の一極集中化が起った。日本の大学の英文科は、そのような知的社会的風潮の中で生まれた学科である。次章では、そのような風潮がもたらしたいくつかの教育及び社会問題を取り上げ、批判的に考察してみたい。

第七章　伝統的英語教育の批判的考察

1

「文学部不要論」

一九九一年に大学の設置基準の大綱が新しくなり、形の上での大学改革が推し進められてきた。その結果浮上したのが「文学部不要論」であった。中学卒業者のほぼ全員が高校に進学し、その約半分（一九九八年の調査では四六・二％）が大学に進学している現在、大学が養成するのは一昔も二昔も前の研究者や学者ではなくて、専門職業人や社会的指導者である。にもかかわらず大学の文学部が今までどおりのカリキュラムで、《実学》ではない《虚学》を教えるのは、時代錯誤もはなはだしい。今や大学の文学部は不要なのではないか。これが「文学部不要論」の主旨であった。

大学改革が進むなかで じわり「文学部不要論」

新設大にはゼロ 女子大・短大では衣替え

実学に対する虚学、を誇りにしてきた。無用の用でよしとしてきたはずの大学文学部が、大学改革の流れで出てきた「不要論」の逆風にさらされ、揺れている。学部や学科の看板を掛け替える大学、短大も少なからず出てきた。だれ言うともなしに広がりつつあるこの論の、意味するところは何なのか。

（山脇 文子）

法政大学の一九九九年度志願者が、前年より一万人以上増えた。

どこの大学も受験生の減少に悩む昨今、これはニュースと言っていい。文、法、経営学部の定員を振り替えて新設した国際文化学部と人間環境学部。二つの学部が、志願者増の原因だ。どちらも、倍率は三十倍を超えた。

「無用の用」は用なし？

「大学としては思い切ったかけでしたが、予想以上に受験生が集まり、ひとまずほっとしています」。四月から国際文化学部の学部長に就任する、第一教養部教授で文芸評論家の川村湊氏は言う。

第一教養部からは、作家のリービ英雄氏らも新学部に移る。半年間の海外留学とコンピューターを必修としたのも話題だ。「その二つを学ばせること自体が、新しさではありません。目的意識もなく漫然と学んでいては何も身につかない。自分が何をしたいのか発見させる手段としての留学とコンピューターなんです」（川村氏）

法政大学には、もともと文学部がある。文学部と国際文化学部では、取り扱う学問領域が似ている。文学部側には「競合、共倒れ」を懸念する声も強かったという。

九九年度の文学部の志願者は前年より四百人増えたが、倍率では新設学部の後塵を拝した。役割分担を考え内部調整する、というが、影が薄くなったことは否めない。

〜〜

創立五十周年を迎えた大阪大学文学部は、昨年十一月、「文学部は必要か」と題した記念公開シンポジウムを開いた。刺激的なタイトルのせいもあり、大学関係者らが全国から五百人以上集まり、当日は会場に人が入りきらなかった。

シンポジウムの結論は「文学部は必要」。「たこつぼ」と称される閉鎖的な研究体制などへの批判はふまえながら、研究・教育の両面から、文学部の必要性を再確認する内容になった。

「教師も学生も企業の人事担当者も、なぜか文学部の卒業生は『役に立たない』と思いこんでいます。憲法を学んだ学生に対して、西洋史を学んだ学生は、その後、職業教育を受けていくなかで、本当に役に立たないのか。そんなことはないはずです。広く人文教育の内容をアピールし、外向けのイメージを変えたいという思いがあります」と、川北稔文学部長は話す。

大阪大学で、実際に学生が文学部離れを起こしているわけではない、と川北部長。だが、大学院重点化がすすみ大学院生が増えるなかで、修士を終えた学生の就職は検討課題になるだろう、という。

「文学部不要論」は、かつての「女子大生亡国論」と違って、言い出した人がはっきりしているわけではない。

国立大学の独立行政法人化が検討されるなど大学経営の採算性が問題とされるなか、短期的に採算のとれない基礎研究の代表格である文学部の関係者が、「不要論というものがあるようだが……」と、否定的に引き合いに出すことで広がってきた面がある。

〜〜

「不要論」は多層構造に立っている。文部省によると、国立大学で文学部を廃止したところはない。実際に「文学部は不要」という答えを出しているのは、学生の文学部離れが起きている女子大や短大だ。

例えば、県立の広島女子大学が九五年に文学部と家政学部を廃止、新たに国際文化学部、生活科学部を設置した。九八年には、やはり県立の高知女子大学が文学部を文化学部に変えた。

また、新設大学でも文学部離れの傾向が著しい。大学設置・学校法人審議会の資料を見ると、九九年度に設置予定の十八大学、二〇〇〇年度に設置申請のあった二十三大学で、「文学部」のある大学はない。

既存の短大でも「英文科」「国文科」を廃止あるいは定員縮小し、「人間社会学部」「現代文化学部」などに衣替えするところがあとを絶たない。

〜〜

「特に分析はしていないが、文部省の方針というより、個々の大学の問題。学生の集まりが悪いから、集まる学科に変更しようということでしょう」（文部省専門教育課）

「とりあえず文学部に」という腰かけ感覚の学生から教員、研究者予備軍まで。「（人）文学」の名のもとに幅広く包括するあいまいさを、時代は許してくれなくなったのか。「不要論」は、文学部のあり方を見直すひとつのきっかけになっている。

「実学」一辺倒は誤り 人間性養う役割重要

橋爪 大三郎 東京工業大教授（社会学）

『文学部唯野教授』という筒井康隆の小説がある。フランス思想に明るい、俗物唯野教授と同僚たちの世にも珍奇な生態を描いて評判となった。

「文学部不要論」が出てくる背景には、この小説の描くような、世間とかけ離れた文学部像があると思う。子供を大学にやる親の負担は重い。さて見返りはあるかと考えると、理工系の学問や法学・経済学に比べて、文学部は、哲学、心理学、歴史学など世の中に出てもまったく無用なことをして、役に立たない知識をありがたがっているだけに見える。だから、子供をやりたがらない。

文学部自体にも批判すべき面があろうが、「文学部不要論」まで行くと見当はずれ。むしろ時代は、人文系の素養を必要としている。

近年の教養部改革で、一般教育をなくし、初年度から専門教育を始める大学が増えてきた。私はむしろ、学部レベルでは専門をなくし、全員が人文系の学問を学んでから専門の大学院に進むぐらいでもいいと思う。現代社会の要請する、専門性と幅広い人間性を兼ねそなえるため、文学部は大きな拠点になるはずだ。

大学とは、最高水準の知識に対する尊敬の念を抱く人びとの場所。「役に立つ」ことだけを考えるなら、そういう大学や短大は専門学校に衣替えするほうがいいと思う。

1990年代末、「文学部不要論」が盛り上がり始めた頃の記事（『朝日新聞』1999年3月25日）。そしてその後21世紀に入り、暴挙と呼ぶべき形でそれは具現化している。石原都知事の号令で都立大学改革が始まり、都立4大学（都立大、都立科学技術大、都立保健科学大、都立短期大）が統廃合され、ついに2005年4月「首都大学東京」（首大）がスタートした。「実利優先、応用科学分野の増強、教員数削減」を目標にしたこの大学改革で真っ先に解体されたのが都立大の人文学部文学科・文学5専攻（英・独・仏・中・国文）である。ここでは、文学部の改革ではなく、単に失くすことが目的とされている。

その是非はともかく、文学部不要論（または無用論）は大学関係者たちに少からぬ影響を与えた。一九九九年に設置が予定されていた一八の大学と、二〇〇〇年に設置が申請されていた二三の大学には、《文学部》はなかった。既存の大学でも、法政大学のように文、法、経営の三学部の定員を振り替えて《国際文化学部》と《人間環境学部》を新設したり、一部の短大のように、英文科と国文科を廃止あるいは縮小して《人間社会学部》や《現代文化学部》という名称に替えたりするところが出てきた（『朝日新聞』一九九九年三月二五日）。さらに二一世紀に入ってからは、都立大学改革に代表される文学部解体がいよいよ進んできている。

以上は現代の「文学部不要論」であるが、実は今から四〇年以上も前に同じ主旨の発言あるいは提言が、大学の英文学および英語関係者から出ている。まず、英文学者福原麟太郎氏が、『英語青年』一九六一年一二月号に「英文科の問題」を、そして『中央公論』六二年三月号に「文学部組替え論」を発表した。同年の『英語青年』六月号には、氏と英語学者中島文雄氏の「文学部と英文科の問題」という対談が掲載された。両氏の発言の内容をまとめると次のようになる――新制大学が発足して十余年の歳月が流れた今、この制度にそぐわない教育を行っている文学部英文科の再編成が必要である。今や大学進学者は高校卒業者の二〇%近くになっている。大学の英文科を卒業しても、ひと頃のように英文学研究者になる者はほんの一部でしかない。大半が会社員や英語教師を志望している。今までのようにシェークスピアやジェイムズ・ジョイスを原書で読ませたり、卒業論文を英語で書かせたりする必要はないのではないか。翻訳されている作品は日本語で読ませてもよいし、論文の他に、翻訳や通訳の能力を卒業の単位に加えてもよいのではないだろうか。

わが国の大学で文学が専門課程として独立したのは一八七七年（明治一〇年）であった。これ以降、それまで東京大学で専門科目として教えられていた法学、理学、工学などの実学の他に、英国史やイギリス文学が、外国人教師によって教えられるようになった。これが、わが国における大学の英文科の始まりだと考えられている（川澄哲夫・鈴木孝夫「英語教育論争史」、『資料日本英学史2』大修館書店、一九七八年、一〇頁）。大学の英文科はこのように、実用の学府でなく教養の学府として存続してきた。

現代の「文学部不要論」より三〇数年前に出された、福原・中島両氏の改革案は、英文科の将来を真剣に見据え、時代と社会状況の変化をいち早く察知した発言だったと言わなければならない。しかしその貴重な提言に真剣に耳を傾け、その提案の一部でも実現しようと努力した識者がいかに少なかったかということは、その三十数年後にふたたび同じ主旨の発言がなされたことからも明らかである。

2 英文科解体論

私は、前章で概説した新時代の英語教育を実践するためには、一三〇年の伝統に支えられた文学部英文科を解体して、名称とカリキュラムを一新させることが必要だと考えている。この学科を私は、さしあたって《外国語・外国文化研究学科》または《翻訳研究学科》と呼ぶことにする。新学科のカリキュラムは、比較文化的そして対照言語学的視座に立った外国語と外国文化の研究科目を中心にして組み立てるのがよいだろう。私が開発した「日英語比較」は、そのような科目の一つである。この講座では、英訳された日本語の文献をテキストに選び、日本語と英語を比較しながら読み進めている。その過程で、学習者は両方の言語と文化についての知識を深めることができる。新学科では、この方法論を使って、英語だけでなく、可能なかぎり多種多様の外国語と日本語の比較研究を軸にした科目を設けるのがよいのではないだろうか。外国語の原文とその日本語訳をテキストに選んでもよい。これを専門科目とし、それに必要な外国語科目と、その文化圏と民族の歴史や社会などを扱う科目を基礎科目とする。以上が、私の考える英文科に替わる新学科の構想である。

さらに、この学科を卒業した者には、公認の翻訳者または通訳者の資格が与えられるような試験制度の開設を、大学側が国や民間の機関に要請することが必要だ。いま、日本の学者の研究業績が国際的評価を得るためには、原則としてそれを英語で発表することが求められている。考古学者の佐々木憲一氏は、かつてハーバード大学とミシガン大学で、アメリカの学者たちに日本の考古学の優れた論文を紹介したとき、そのような論文があることを信じてもらえなかったと述べたそうである（田中琢「国際化とは——考古学の場合」、『図書』一九九二年一一月号、二〇頁)。このような学問上の不平等をなくすために私は、右で述べた公認資格を取得した翻訳者たちに、日本語の優れた学術論文を外国語に翻訳して世界に紹介する役を引き受けてもらいたいと考える。そして同じく通訳者たちには、海外で研究発表や講演を行う日本人に同行して、日本語で話されるその内容を、その国のことばに通訳する役を、また日本で行われる外国人の外国語の講演を日本語に通訳する役を引き受けてもらいたいと考えている。

このように、私の主張する英文科解体論は、英語の一極集中を緩和し、日本人が日本語で世界に向って自己主張するというあたりまえの習慣、すなわち母語主義を広めることをその究極の目標としている。その結果、現代の日本社会に蔓延している英語帝国主義状況は解消の方向へ向うかもしれない。

英語帝国主義状況とはどんな現象を言うのだろうか。次に、そのような現象を生み出しているわが国の英語教育の現状を考察してみたい。

3 英語は「国際語」か

毎年一一月になると、私の勤務している女子短大では各種の推薦入学試験が行われる。私の属している英文科では、英語と小論文の筆記試験に続いて個人面接をする。その時、一応型どおりに、なぜ英語を勉強したいのかとたずねると、一〇人中一〇人が、将来国際的な仕事をしたいので英会話の力をつけておきたいからだ、と答えるのである。そして、その国際的な仕事とは、国際線の航空機乗務員か、国際線が離着陸する空港の案内係であることが多い。

わが国では、一般に国際線の客室乗務員や、外国人観光旅行客の案内係や、銀行の外国為替担当係などのように、外国人と英語で接することが求められる職種は国際的な職業と考えられているようだ。なぜか。それは、英語は国際語だという通念が広く浸透しているからである。たしかに英語は、世界の広い地域で使われたり学ばれたりしている。一九九五年に行われたある調査によると、世界一八五か国のうち、英語が通じる国、すなわち英語が第一及び第二言語として使用されている国は七五か国である。世界の約四〇％の国で英語が通じるわけである。一方、英語の使用人口は、それを第一言語として使う人々約三億三〇〇〇万人と、第二言語として使う人々約二億三〇〇〇万人の計五億六〇〇〇万人である。これは世界の総人口約五七億（一九九〇年代末当時）のほぼ一〇％にすぎない（Crystal, David, *English as a Global Language*, Cambridge University Press, 1997. これに英語を外国語として使う人々を加えると、英語の使用人口は約一〇億と考えられる）。

英語の使用国と使用人口の比率のずれは、何を意味しているのだろうか。それは、今日、世界を政治的軍事的経済的に支配している超大国アメリカの言語を学び、その傘下に入ってわが身を守らなければならない国は多いが、それらの国のすべての人々が英語を理解しているわけではないことを意味している。つまり、インドやフィリピンのような、英語が公用語や第二言語として使われている非英語国で英語が理解できるのは、社会の上層部を占める一握りのエリートたちであって、一般大衆にはふつう、英語は通じないのである。いま英語が共通語として使われているのは、医学や電子工学などの諸科学、航空、そして政治や学術などの国際会議の分野であるが、このこともそれを証明している。このような分野で活躍するチャンスが与えられるのは、ごく少数の知的経済的エリートだけだからである。

このように見てくると、英語は国際語だから世界中どこへ行っても通用するという通念が、いかに非現実的な認識にもとづいた、あやふやなものであるかということがわかる。国際語とは、原則として、すべての民族から等しい距離にあって、その民族集団のすべての成員が学べる言語であることが望ましい。その意味で、国際語は、英語のような自然言語ではなくて、エスペラントのような人工言語であることが望ましいのである。英語を国際語として容認することは、むしろ、諸民族の対等な関係を標榜する国際社会の理念に反していると言わなければならない。

英語はこのように、国際語の条件を満たしていないにもかかわらず、世界の共通語の地位をほしいままにしている。では次に、英語が擬似国際語の地位にのし上がった歴史的経緯に目を向けてみよう。

英語はもともと、アングロサクソン民族の母語だった。彼らは中世以降一九世紀初頭にかけて、ブリテン島に住んでいた民族ケルト人を、軍事力によって次つぎに征服し、彼らの母語のゲーリック語、ウェールズ語、アイルランド語、マン島語、そしてコーンウォール語を、自分たちの母語のイングランド語に切り換えさせた（中村敬『英語はどんな言語か』三省堂、一九八九年、一一～一七頁）。ゲーリック語を母語とするスコットランド地方のケルト人が、イングランド人の圧政にいかに抵抗したかは、一九九五年製作のアメリカ映画『ブレイブハート』に、その一面が描かれている。

イングランド語がイギリスの国語になったのは、このように、軍事及び政治経済に秀でていたアングロサクソン民族が、ケルト民族の言語を、武力という暴力によって事実上消滅させたからに他ならない*。アングロサクソン民族の武力による英語支配が、近代にはアジアとアフリカにおける植民地支配という形で行われ、大英帝国がその威力を失ってからは、アメリカが実質的にその事業を引き継ぎ、第二次世界大戦以後の世界に君臨している。

『ブレイブハート』DVDジャケットより（20世紀フォックス・ホーム・エンターテイメント・ジャパン）

＊現在イギリスには、イングランド、スコットランド、北アイルランド、そしてウェールズの四つの地域がある。その国名はUnited Kingdom of Great Britain and Northern Ireland（日本語ではユナイテッドキングダムと略されることが多い）である。しかしその国語 English が「英語」と訳されているために、わが国には英国イコールイングランドという誤った認識を持つ者が少くない。English は正確には「イングランド語」と訳すべきである。

本書「序論」で述べた、現代日本社会におけるカタカナ語の氾濫という現象は、実はわが国が、ある意味で現代の英語帝国アメリカの精神的文化的植民地と化していることを意味している。最近は、たんに日本語の中にカタカナ語を混ぜるだけ

雑記帳

◇高校生と保護者向けに携帯電話のマナーとトラブル対処法をまとめた小冊子「Ｈｏｗ　Ｔｏ　ケータイ」＝写真＝を茨城県が作った。８万部作製し、大半の中学で10日にある卒業式で配る。
◇「し〜んとした部屋での巨大着メロはひんしゅく」といったマナーを記し、「ケータイ依存度チェック」のコラム、出会い系サイトの危険性を説く漫画も。顔文字も使った。
◇高校生の携帯電話所有率は９割で、入学を機に購入する例がほとんどだという。Ａ５判12ページと持ち歩きにも便利。さて「マナーも携帯」となりますか。【高野聡】

『毎日新聞』2004年3月10日の「HOW TO ケータイ」に関する記事

でなく、英語の構文を日本語と英語で書き表すのが流行っているようだ。

「ヤンママ in 仮設住宅」や「'96国際ダムサミット in 長良川」（『週刊金曜日』一九九六年九月二〇日号で中村敬氏が取り上げている）などがその走りと思われる。二〇〇四年三月一〇日付『毎日新聞』には、「ＨＯＷ　ＴＯ　ケータイ」という例が出ている。これは、茨城県内の中学を卒業する生徒とその保護者のために、県が作成配布した小冊子の題である。全国の高校生の九割が携帯電話を持っている今日、これから高校へ入学する若者たちに、その使用上のマナーを教え、各種トラブルにどう対処すればよいかを示すのが目的らしい（なお、全国の中学生の携帯電話普及率は三七・六％。『日本経済新聞』二〇〇二年八月二四日）。中学校で教えられている外国語の九九・九％は英語だから、"how to ～" という英語の意味を知らない者は少いだろう。世間ではさまざまな分野で《ハウツーもの》と呼ばれる問題対処法を説いた書物が次々に出版され売れている。いや、それよりも何よりも、「携帯電話の使い方」などというそのものずばりの題名よりも、ハイカラでエリート感のある英語を混えた「ＨＯＷ　ＴＯ　ケータイ」の方が数倍もカッコイイではないか、という、当代の若者の反応を意識した、茨城県庁のお役人の意図が見え見えである。

日本語と英語の混合が単語のレベルで起るとき、その英語は外来語と呼ばれる。しかし、それが右に挙げたような構文または文法のレベルで起ったとき、それはもはや外来語とは呼べない。植民地化と奴隷の移住によって、二つまたはそれ以上の言語が融合して「自然発生的にできた共通言語」をクレオール語（かつてのフランスの植民地西インド諸島や、スペインの植民地南米で生まれた）と呼んでいる。右のような例は、まだ共通語と言えるほど日本社会に定着してはいない。しかし、文化的、精神的に英米の植民地と化している現代の日本

ヘルベルト・マルクーゼ（Marcuse, Herbert 1898–1979）アメリカの哲学者。（Encyclopedia of Marxism のサイトより［http://www.marxists.org/glossary/］GFDL）

で、日本語のクレオール語化が起っても不思議ではないのである。*

*古くは、一九九〇年代に流行した、歌手安室奈美恵のファッションを真似る女性を指す言葉《アムラー》がある。

英語帝国主義とは、右に述べたような歴史的経緯によって世界の共通語となった英語を、他の言語よりも優れているとみなして、一極集中的に学び——または学ばせ——、英語が話せない人間または民族は劣等である、と考えるような態度である。すなわち、いわゆる「侵略語」（小田実氏の命名。なお氏は、英語を「便宜語」とも呼んでいる）英語の持つ帝国主義的な性格を容認する態度である。私の勤務する短大には、英語話者の教員、いわゆる外国人教師が約一〇人いる。彼らは、わたしたち日本人の教員に、当然のように英語で話しかけてくる。それに答える日本人教員の中にも、英語を使う人々がいる。わが国には、外国人に英語で話しかけられると、とっさに英語で応答する者が、とくに知識人に多い。このような人々を、ヘルベルト・マルクーゼは、英語話者に対して「自発的奴隷状態」に陥る人々と呼んでいる（伊井奠『国際化と言語』斯文堂株式会社、一九九八年、一一三頁）。インドの独立運動の指導者マハトマ・ガンジーは、弁護士時代に法廷で弁論を行った時に、インド人の自分が英語を使わなければならない状況を「奴隷状況」と呼んでいたと言われる（大石俊一『英語帝国主義論――英語支配をどうするのか』近代文芸社、一九九八年、一八八～一八九頁）。イギリスの植民地時代が長かったインド（東インド会社による間接統治は一七九三～一八五七年、直接統治は一八五三～七四年）で、このような状況が生まれたのは時代の制約と言えるかもしれない。しかし、まだ英米の植民地支配を経験したことのない日本で、同じような現象が見られるのはなぜだろうか。それは、すでに述べたように、日本は政治的には独立国かもしれないが、精神的文化的には英米の植民地と化しているからなのである。

ここで、次のような反論が出るかもしれない。英語にはたしかに、「侵略語」という側面がある。しかし同時に、「便宜語」という側面もある。今から、エスペラントを学んだり、新しい共通語を作ってそれを学んだりするよりも、すでに学校で教わっている英語を使って、アジアやアフリカのような非英語圏の人々との意思疎通をはかる方がずっと手っ取り早いし、労力や犠牲も少い。だから当面は、英語を国際語として認めるのが現実的なやり方ではないのか。

そのとおりである。しかしこの議論が孕んでいる危険性を、わたしたち英語教育に携わる者は知っておかなければならない。わたしたち英語教師は、英語を選んだその瞬間から、英語帝国主義に加担するかもしれないのだということを自覚すべきである。なぜなら、英語は、政治や経済が先に発達した欧米諸国が、それに立ち遅れたアジア諸国に売りつけようとしている資本主義的商品の一つだからである。一九九九年八月二二日付の『毎日新聞』によると、イギリスのブレア首相は外貨獲得のために、外国人向け英語教育産業の振興に乗り出したそうである。これは、イギリスで学んでいる外国人留学生が納める学費や教材販売などで稼いでいる業種である。ちなみに、一九九八年度の外国人留学生のトップは日本人で、全体の一六・五％を占めていたということが同記事に報道されている。

わたしたち英語教師は、コミュニケーション上の利便性とともに、他民族他言語を侵略した暴力性というアンビヴァレントな英語の属性を、英語を教えながら、日本の子どもたちに伝えていかなければならない。そして、私が英文科解体論で提案している母語主義と多言語主義の実現を究極の目標にして、気長に、しかし着実に努力を続けなければならない。人は自分の母語を使うとき、最も自然に振舞うことができるし、相手を説得したり感動させたりすることができる。現在の国際社会でその特典が与えられているのは英語の母語話者だけだとは、なんと不公平なことだろうか。

4 「ネイティブスピーカー」信仰

国際性や国際化ということばがマスメディアを賑わしはじめた一九八〇年代の中頃、それは「英語しか話さない外国人に対し、ものおじしないで接すること」（田中克彦「『宗主国家語』をこえて――日本語の『国際化』をめぐるイデオロギー状況」、『世界』一九九八年一月号、一二五三頁）と同義語であった。その風潮に応えるように、当時の中曽根首相の肝煎りで、国際化推進自治体協議会が発足した。この会はのちに、自治体国際化協会と改名され、八七年に外国青年招致事業、いわゆるＪＥＴ《ジェット》プログラム（The Japan Exchange and Teaching Programme の頭文字を取ってこう呼ばれている）が本格的に着手された。これは、英語国から大学新卒の青年を招いて、全国の公立中学と高校で英語の指導助手として働いてもらおうという企画として始まったもので、のちに招致国は英語圏だけでなく、ドイツ語圏やフランス語圏、スペイン語圏などに拡張された。そして、最初ＡＥＴ（Assistant English Teachers, 外国人英語指導助手）と呼ばれていたＪＥＴ青年たちは、ＡＬＴ（Assistant Language Teachers, 外国語指導助手）と呼ばれるようになった。*

＊なお、ＪＥＴ青年の中には語学指導助手の他に、ＣＩＲ（Coordinator for International Relations）とＳＥＡ（Sports Exchange Advisor）がいる。

当時アメリカの大統領だったロナルド・レーガン氏と《ロン》《ヤス》と呼び合うことで、自らの国際性の一端を誇示したつもりの中曽根氏が、日本の子どもたちが中学生の頃から英語を話す外国人に慣れ親しみ、彼らと気軽にあいさつを交す程度の英語力を身につければ日本は国際化する、とまじめに考えていたとしても不思議ではない。わが国の英語教育関係者の中には、英語は英語母語話者《ネイティブスピーカー》に教えてもらう方が身につくと考えている者が少なくない。これをネイティブスピーカー信仰（またはダイレクトメソッド信仰）*と呼んでいる。一九九六年七月に第一五期中央教育審議会は小学校への英語教育導入を答申した。そして、まだ教科書も作成されておらず、教員も養成されておらず、教授法も確立していないこの分野の代替授業として、国際理解教育と称して、全国の中学と高校に派遣されているＡＬＴを招いて、英語で話をしてもらったり、歌を教えてもらったり、ゲームをして遊んでもらったりすることにした。こうして、わが国の英語教育界に深く根を下ろしているネイティブスピーカー信仰は、小学校教育の場にも浸透しはじめたのである。**

＊ダイレクトメソッドは、一九〇一年にフランスで公認された外国語教授法で、話しことばを優先し、学習者の母語をいっさい使わずに行う方法である。一九二〇年代までに欧米で普及した。わが国では一九二三年に英語教授研究所が設立されて以来、その初代所長となったハロルド・E・パーカー氏によってオーラルメソッドという名称のもとに研究と普及活動が行われた。伊藤嘉一『英語教授法のすべて』大修館書店、一九九六年、六六～七五頁。

＊＊この答申案が出される前に、すでに英語教育を試験的に実施していた小学校は、全国で一四校あった。二〇〇四年度には、約九〇％の小学校が、何らかの形で英語に触れる授業を行っていることが慶應大学の大津由紀雄氏によって報告されている。『朝日新聞』二〇〇四年八月二七日。

なお、二〇〇〇年一月に、河合隼雄氏を座長とする「二一世紀日本の構想」懇談会＊が、英語第二公用語論を打ち出したが、《公用語》の概念が正確に規定されていなかったために、結局この案は立ち消えになってしまった。河合氏は『毎日新聞』とのインタビューで、発案の根拠を、現代のグローバル化の中で日本人が世界と対等につき合っていくためには、一部の政治家や学者だけでなく、日本人みんなが「ある程度のところまで」英語が使えなければならないからだ、と説明している（『毎日新聞』二〇〇〇年一月二一日）。氏が代表する英語第二公用語論者たちの国際性観が、それより一〇年以上も前に発足したＪＥＴプログラムの根拠となった国際性観から、一歩も出ていないことがわかる。

＊一九九九年、第一四五回国会における小渕首相の施政方針演説にもとづいて設立された、〃長期的国家ビジョン〃の構築をめざす有識者懇談会。設立趣旨には「二一世紀における日本のあるべき姿として、《経済的な富》に加え、《品格ある国家》、《徳のある国家》を目指し、いわば《物と心のバランス》のとれた国即ち《富国有徳》の国家を築くことが必要となって」いる、とある。河合隼雄（臨床心理学者、文化庁長官）を座長に、川勝平太（国際日本文化研究センター教授、比較経済史）、佐々木毅（元東京大学総長、政治学）、中村桂子（ＪＴ生命誌研究館副館長、生物学）、向井千秋（宇宙飛行士）、山崎正和（劇作家・評論家）各氏のほか、新聞各社の編集委員等が参加している。

第八章　市民化と西欧化

わが国の近代化は二度にわたって行われた。第一回は一八六八年の明治の開化であり、第二回は一九四五年の敗戦後の改革である。この二つの近代化によって何が変わっただろうか。近代化とは「技術を革新し、組織を横割りにし、人間の頭脳を前向きにする」ことである(高島善哉『実践としての学問』第三出版、一九七一年、一六一頁)。現代日本の科学技術は目覚しい進歩を遂げている。第一の点では、わが国はたしかに近代化がなされたと言えるだろう。第二、第三の点ではどうだろうか。組織は形の上では横割りになったかもしれない。しかしその実態、すなわちその中の人間関係は依然として縦割りすなわち擬似封建的であることが多い。ということは、人々の頭の中は必ずしも前向きになっていないことを意味している。近代化とは政治と社会の制度が民主的になることでもある。このように考えてくると、わが国は、近代化という点では、まだ発展途上国なのである。

近代化とは、市民化（「市民化」は英語で "civilization" であり、それは同時に「文明化」および「近代化」を意味している）のことであり、都市化のことでもある。それは、《市民》（citizen）ということばがまず政治的な集団として、つぎに経済的な集団として発達した、西欧の都市の住民を指すことばとして使われるようになったからである。《市民》とは、自分たちで作り上げたそのような集団、すなわちある共同体の一員であることを自覚し、その利益のために考え、行動する人々のことである（高島善哉『社会科学の再建』新評論、一九八二年、八二、八四、一二四頁）。だから、たとえば、いま大阪市や横浜市に住んでいる人々が総選挙の時に投票所へ行かなかったり、道路のような公共の場所に自転車や自分の経営する商店の立看板などを置いたりすれば、彼らはこの意味での《市民》とは言えない。そのような行動は、国または彼らの属している共同体の政治的発展を妨げ、同じ共同体の他の住民たちの社会的権利、すなわち道路を自由に歩く権利を侵害しているからである。ある共同体の利益とは、結局、そこに住むすべての人々にとっての福利でなければならないのだから。

今まで述べてきたことは、西欧で起り発達した概念である。《市民》をはじめ《社会》や

《権利》などが翻訳語であることがそれを証明している。《市民》と《社会》がむすびついた《市民社会》、または《市民制社会》ということばも輸入概念であり、まだわたしたちの日常的な生活感としては定着していない。

市民社会が最初に成立したのはイギリスである。一七世紀半ばに起った市民革命によって、封建体制が打破され、すべての市民に基本的人権が与えられ、政治的、経済的、そして教育的自由が保証されるようになった。市民社会の特徴は、民主政治と自由経済と市民教育の徹底だと言われている。そして、市民教育とは、主体性と公共の精神及び正義と友愛の精神を育むような教育のことである（高島善哉『時代に挑む社会科学』岩波書店、一九八六年、一三三頁）。

日本人が真に近代化するためにいま必要なことは、徹底した市民教育を行うことではないだろうか。右に例として挙げた、公共の道路に私有物の自転車や立看板を置くことは、公共の精神が欠如しているために起る行為である。また、国や地域の代表者を選ぶ権利を放棄することは、民主社会の一員であるという自覚、すなわち社会的主体性が欠如しているために起る行為である。

ある国の言語を学ぶことは、その民族の文化や思想を学ぶことにつながる。私は、今のところ、義務教育課程をはじめとしてわが国で最も広く学ばれている外国語科目である英語教育の中で、世界で最初に市民社会を成立させた英語民族の文化と思想の一端を紹介しながら、日本の若者たちに市民教育を行うことができるのではないかと考えている。

そこで次に、市民教育の目標のうち、公共の精神と友愛の精神に的をしぼって、日本の現状を考察しながら、その可能性を論じてみたい。

1　公共の精神

一八七五年（明治八年）に初版の出た『文明論之概略』の中で、福澤諭吉は、フランス語の"société"（英語の"society"）を「人間交際」または「人民交際」と訳している。そして、「家族相集るも未だ人間の交際を尽すに足らず。世間相交り人民相触れ、其交際愈《いよいよ》広く其法愈整ふに従て、人情愈和し智識愈開く可し」と言っている（福澤諭吉『文明論之概略』岩波書店、一九八六年［初版一九三二年］、五一頁）。彼は、わが国が真に文明化すなわち近代化するためには、今までのような家族同士のつき合い、すなわちウチのつき合いに代って、赤の他人、すなわちソトとの交際が行われることが必要だ、と考えたのである。彼の言う「交際」はたんなる「社交」ではない。彼は、当時の人々が隣近所で行われる「井戸さらい」や「道普請《ふしん》」の話し合いをしなかったり、行き倒れや犬のふんなどを道端で見かけても知らん顔をしたりしているのを見て、一人一人は意見を持っていてもそれをまとめる手段や習慣のないことを嘆いている。すなわち、見知らぬ人々が集って意見を交換し、地域の生活をより快適にしたり、より便利にするためのルールを作ることを、彼は「人間交際」だと考えたのである。このようなルールは、社会生活のルールである。英語では《社交的な》も《社会的な》も、同じ“social”ということばで表すが、社交のないところに社会はないのである。

　わたしたち日本人の社会体質の一つが、ウチソトの区別だということはすでに述べた。わたしたちはふつう、見知らぬ他人とはことばを交さない。人混みでぶつかったり、足を踏んだり踏まれたりしても、ほとんどの場合何も言わない。私の住んでいる集合住宅のエレベーターの中でも、あいさつを交すのは顔見知りの人々だけである。少し前に行われたある調査によると、通勤ラッシュの電車内で降りる時に何も言わない人は全体の二五％、一日中他人と口をきかなくても平気な人は四二％、そして、自動販売機や（店員と口をきかなくてすむ）スーパーなどで買い物をする方が気楽と答えた人は半数を上廻ったそうである。* この調査から一〇年近い月日が流れているが、私の実感では、今や通勤電車内で降りる時にも乗る時にも何も言わない人は、九九％に達していると言っても過言ではないだろう（ただし東京都内の実情）。

* 『月刊言語』一九九六年五月号、一三六頁。博報堂生活総合研究所が一九九五年一一月に首都圏の一八歳～六九歳の男性一八六人、女性二〇二人、合計三八八人を対象に行った調査。

わたしたち日本人が、公共の場で出会う人々と、気軽にことばを交す習慣を身につければ、たとえば駅前の道路に所狭しと置かれた自転車が、歩行者やバスのような公共の大型車の安全な通行を妨げていると感じた時に、同じように感じている近所の住民と対策を話し合ったり、そこに自転車を置こうとしている人に直接注意したりすることができるようになるはずである。話し合った結果をまとめて、地域の警察署や行政担当者に提出することもできるはずである。それがいまだに広く行われていないということは、『文明論之概略』から一三〇年たった今日も、わたしたち日本人の頭の中は必ずしも前向きになってはいないということではないだろうか。

私は今までに、三回の海外留学のために、通算五年近くをおもにアメリカの北東部ですごした。その合間には私用で、数回にわたってロンドンやパリなどの西欧の諸都市を訪ねている。この経験を通じて私は、欧米の人々はふつう、公共の場所で出会う見知らぬ他人とでも、必要に応じてことばを交し合うということを知った。とくにアメリカ人は大変社交的である。狭い歩道などですれ違いざま、目を合わせてニコッと笑う人が多い。最近はわが国でも、仕事や研究や観光のために欧米へ出かける人が多くなった。私と同じような経験をして帰国する日本人は大勢いるはずである。欧米でのこのような習慣を日本人も採り入れてはどうか、という提案がマスメディアで取り上げられることも珍しくない（たとえば『毎日新聞』二〇〇四年二月五日付「ボランティア志望」と、同記事に賛同する同紙二月二九日付「みんなの広場」への投書）。少し古くなるが一〇年ほど前の『自治体国際化フォーラム』（自治体国際化協会発行）は、欧米からの帰国子女（高校生）たちを対象に行った、欧米と日本の文化的環境の違いに関する意識調査を掲載している。この中で帰国子女たちが一様に、外国での好ましい習慣の一つとして挙げているのが、「見知らぬ人に対しても気軽にあいさつをすること」である。そして、彼らが外国で身につけた習慣を、帰国後喪失してしまい、「人の前を黙って通る」ようになり、「人の目を見て話さなく」なり、そして、「人とぶつかっても謝らなくなった」と述べている（『自治体国際化フォーラム』一九九二年四月号、二四〜二六頁）。この調査を行った、東京学芸大学海外子女教育センターの中西晃教授は、これからますます進むであろう国際化に備えて、欧米諸国の社会生活の習慣を日本の若者たちにも学ばせる必要があるのではないかと述べている（同上）。

欧米諸国の人々に比べて、日本人に欠如していると考えられる公共の精神を育むための第一歩、すなわち市民教育の第一歩は、見ず知らずの他人と気軽にことばを交す習慣を身につけさせることだ、と私は考えている。知らない人に話しかけられても返事をしないように、などということを親や小中学校の教師が子どもたちに言って聞かせなければならない昨今の社会状況を考えると、これは大変むずかしいことかもしれない。しかし、まず大人が、勇気を持って始めればよい。朝の通勤や散歩の途中で出会う、登校途中の小中学生たちに「おはよう！」と声をかければよいのである。教師たちは、そんな時には「おはようございます」とあいさつを返すようにと教えればよいのである。見知らぬ他人とあいさつを交すこと、それは社交であり社会生活に参加することである。“social”には「社交的な」と「社会的な」の二つの意味があることを、このようにして、英語を学ぶ子どもたち（小学生には無理かもしれないが）に、身をもって覚えさせることができるだろう。

2　友愛の精神

数年前のある日、私はニューヨークのＪＦＫ国際空港の小さな待合室で、国内線に乗り換えるためにラグァーディア空港行きのヘリコプターが到着するのを待っていた。すると、壁に掛かっていた業務用電話のベルが鳴りはじめた。近くに空港職員の姿はなかった。ベルが四、五回鳴ったとき、わたしたちと一緒にヘリコプターを待っていた一人のアメリカ人の青年が、つかつかと電話の方に歩いて行って受話器を取り上げた。そして、「ハロー」と言ってから、「いや、ぼくは乗客の一人なんですが…はい…では」と言ってニコニコしながら受話器を置いた。私はほっとすると同時に感心してしまった。そして、相手の顔が見えなくても、他人からの問いかけ（この場合それは電話のベルという形を取っていた）に応じずにはいられない人なつっこさ、すなわち友愛の精神が、アメリカ人が得意としている社交の原点にあることに気がついたのである。

先に取り上げた帰国子女たちの意識調査の中で、外国で身につけ帰国後失った習慣として、「人に道を譲る」と「ドアを後の人のために押さえる」が上っている（前掲『自治体国際化フォーラム』）。この二つの行為も、基本的に、見知らぬ他人への友愛から生まれる行為である。『新明解国語辞典』(三省堂)には、《友愛》は「知人に対しては献身的な愛をささげ、見知らぬ他人に対しても必要な愛を惜しまないこと」と定義されている。このように見てくると、友愛の精神は公共の精神と同じように、社会性または社交性の基礎にあることがわかる。日本社会は家族的社会として発達した。戦後の改革で形の上では横割り社会になったとはいえ、実質的には依然として家族的集団の中で生きているわたしたち日本人の心の中には、家族愛は発達したかもしれないが、友愛の精神は発達していないと言ってよいだろう。先に、社交のないところに社会はない、と述べたが、公共の精神のないところには友愛の精神も育たないのである。

わたしたち日本人に友愛の精神が欠けていることを示す例は枚挙にいとまがない。人混みで他人の足を踏んでも何も言わない行為は、公共の精神と言うより友愛の精神を欠いた行為である。最近、ベビーカーに子どもを乗せたまま電車やバスを利用する母親の姿を目にすることが多くなった。エレベーターやエスカレーターでプラットフォームまで上ることのできる駅が、ひところよりも増えたためもあろう。バスの場合は、「ノンステップバス」(乗降口の位置が低くなったバス）が増えたためであろう。しかし現実は、エレベーターもエスカレーターも設置されていない駅はたくさんあるし、ノンステップと言ってもまったく足を上げないで乗車できるわけではない。私はある時、地元のJR中央線のO駅で、生後三か月ぐらいの赤ん坊を乗せたベビーカーを両手で持ち上げて、プラットフォームの階段を降りようとしている若いお母さんに出会った。思わず「お手伝いしましょうか」と言って駆けよったが、そのお母さんは「大丈夫です」と言って手伝わせてくれない。しばらく押し問答をしていたら、後から近づいて来た一人の欧米人の男性がニッコリしながらベビーカーを軽々と持ち上げて、階段を一緒に降りてくれた。私がこのお母さんと押し問答していたのは、ほんの二、三〇秒だったが、その間、傍を通りすぎる日本人たちの中に、誰一人として手を貸そうとする者はいなかった。

べつの日に、私は同じO駅のバス停の前でK自動車会社のバスを待っていた。するとやはり若いお母さんがベビーカーに赤ん坊を乗せ、大きなショッピングバッグを肩にかけて私の後に立った。このバスは最近社内放送で、「危険ですからベビーカーは折り畳んでご乗車ください」と言っている。バスが来ると、そのお母さんは片手に赤ん坊を抱き上げ、片手でベビーカーを畳み始めた。私はとっさに手を出して、畳まれたベビーカーを車内に運ぶのを手伝おうとした。持ち上げてみるとそのベビーカーは意外に重かった。私自身も大きなスポーツバッグを肩にかけていたので、私は四苦八苦しながら、バスに乗り込もうとした。しかし、バスの運転手は運転席に坐ったまま、その私を横目で見ただけだったし、わたしたちの後に立っていた乗客——中には男性もいた——の誰も、手を貸そうとしなかったのである。

先にも述べたが、最近海外で働く日本人が急激に増えている。大半は男性である。それとともに、夫と一緒に海外へ行き、向うで子育てをする日本人の女性も増えつづけている。彼女たちは、帰国後、自分たちが長期滞在していた外国、とくに欧米諸国での子育てが、日本に比べて格段に楽だったことを指摘している。たとえば、夫とともにオランダに八か月暮らしたことのあるTさんは、オランダではベビーカーを押している母親や車椅子の人が電車に乗り込む時、何も言わなくても、そばにいる人が手を貸してくれると言っている（『毎日新聞』一九九九年四月一〇日、「みんなの広場」）。また、フランスとベネズエラで子育てをしたことのある何人かの日本人女性たちは、母親としても妻としても、そして人間としても、日本に比べてその国の方がずっと暮らしやすかったと述べている（『朝日新聞』二〇〇〇年一〇月六日と二三日、「くらし」）。彼女たちも指摘しているように、欧米社会の方が暮らしやすいのは母親としてだけではないようである。たとえば、まだ自動ドアの普及していないイギリスで勉強している大学院生Iさんは、ビルの出入口では必ず、人々は後から来る人のためにドアを押さえ、後から来た人は「ありがとう」と言う、と述べている（『朝日新聞』二〇〇四年四月五日、「声」）。なお九九年四月一〇日付「みんなの広場」にも同じ主旨の投書が掲載されている）。やはり留学生として一年余りアメリカで生活したことのあるKさんは、当地ではすべての公共施設に障害をもつ人のための駐車スペースが設けてあり、健常者は絶対にそこには駐車しないこと、そして車椅子の人がバスに乗る時は、どんなに混んでいても人々はその人のために場所を譲るし、運転手は運転席から立ち上ってその人を手助けする、と述べている（『毎日新聞』一九九八年九月二二日、「みんなの広場」）。これと同じことは、私もアメリカ留学中に何回も経験した。

欧米社会ではこのように、子連れの母親や障害をもつ人々のような、公共生活上のハンディキャップを持った人々はもとより、その他の見ず知らずの一般市民に対しても、人々は温い思いやりを持って生活していることがわかる。見知らぬ他人への温い思いやり、それは《友愛》である。彼らが暮らす社会は、《市民社会》としての古い歴史を持っている。《市民社会》の概念がまだ定着していない日本に暮らすわたしたち日本人が、彼らの生き方から学ばなければならないことは少くないが、その一つが友愛の精神であろう。右で引き合いに出した日本人のお母さんたちも、日本の文化をまったく変えてしまう必要はないが、欧米の社会の方が日本より暮らしやすい点をヒントにしながら、個人のレベルで、社会を変えてゆく努力をすべきだと主張している（『朝日新聞』二〇〇〇年一〇月一三日）。

わたしたちが、公共の場所で気持ちよくすごすためには、そこで出会う人々も自分と同じ人間だ、ということを自覚して、互いに愛情と尊敬の念を持って接することが必要だ。このような接し方は、社会生活での礼儀作法、いわゆる公共のマナーを心得たつき合い方である。文明とは、「人の身を安楽にして心を高尚にする」ことだ、と福澤諭吉は言っている（福澤

『文明論之概略』五五頁)。彼のことばはそのまま、《市民社会》の一面を表していると言えよう。

3 国際性と社交性

ここ二〇年の間に、国際性または国際化ということばがマスメディアや学校教育の場で取り上げられるようになり、《国際関係》や《国際文化》などの文字の入った学科を新設する大学も増えつつある。すでに述べたように、国際化、そして近年ではグローバル化ということばは、英語とむすびつけられ、JETプログラム、小学校への英語教育導入、そして英語第二公用語論と、政府の考える国際化を推進するための企画や提案がなされてきた。二一世紀初頭の今日、わたしたち日本人は、そして日本社会は、どこまで国際化されただろうか。

私は、国際性は、社交性の延長線上に育つものだと考えている。一九九六年にアメリカのアトランタ市で行われた第二六回オリンピックには、わが国から約五〇〇人の選手とコーチと役員が参加したが、獲得したメダルの数が予想外に少かったことを別にしても、日本の選手団の存在感は薄かったと言われている。たとえば、競技場の奥で順番を待つ間、他の国の選手やコーチたちは、自発的に自己紹介をしながら、互いに会話を楽しんでいたが、そこに日本人の姿は一人も見られなかった。このような場で得られる各国の情報が、ゲームの勝ち負けを左右することがあるかもしれない。ことばの障害があるとは言え、それ以前の、見知らぬ他人と関わり合おうとしない日本人の非社交性が、このオリンピックでわが国が不調に終った原因の一つであろうと、このエピソードを紹介した『毎日新聞』のY記者は分析している（『毎日新聞』一九九六年九月五日、「記者の目」）。

国際社会は、異質の人々が出会う場所である。異質の人々、それは、外観も、ことばも、そして価値観や生活習慣も、自分とは異なる人々である。わたしたち日本人が、そのような人々、すなわち見知らぬ他人とつき合うことが苦手な民族であるということは、今までにくり返し述べてきた。日本人にとって、国際社会で出会う異質の人々、すなわち外国人は、その文字も示すとおりソトの人々である。わたしたちが、ウチとソトを区別する社会体質を改善して、ある程度の社交性を身につけないかぎり、国際性も身につかないのではないだろうか。

五年前のゴールデンウィーク中に、中米グアテマラのドスサントスクチュマタンで、日本人観光客の一団が地元の先住民たちに襲われ、観光客の一人が死亡するという事件が起った。亡くなった方とご遺族にはお気の毒だが、私は、観光客たちにも責められるべき点があったのではないかと思っている。彼らは日本を発つ前に、「こんにちは」や「ありがとう」などの現地語を学んで行ったのだろうか。そして、先住民の人たちと、片言でよいからことばを交したり、ニッコリ笑ってうなずき合ったりしたのだろうか。私には、両者の間に、このような温い人間同士の交流があったとは思えないのである。観光客たちは先住民の人々を、異国情緒をかもし出す一種の展示物としてしか見ていなかったのではないだろうか。これは、北米の先住民たちの居留地ではいまだに起っているし、かつて、北海道のいわゆるアイヌの人々に対して、本土の日本人が取った態度でもある。

この出来事は、わたしたち日本人が国際性を身につけるために克服しなければならない難

バスのトランクを開けろ
子どもを隠しているんだろう

グアテマラの3邦人死傷事件
警戒心で地元民 先鋭化

「子どもを隠しているんだろう」——。中米グアテマラで日本人観光旅行者が地元の人々に襲われて死亡した事件は一日、発生当時のようすが明らかになってきた。気軽に写真を撮ろうとするツアー客と、貧困を背景に行われる子どもの人身売買に神経をとがらせる先住民族。異文化とのふれ合いの難しさを象徴する事件だ。

（13面に関係記事）

中米グアテマラで日本人観光旅行者が地元の人々に襲われて死亡した事件で、旅行を主催した「西遊旅行」（東京都千代田区）は一日午前、記者会見し、現地ガイドから受けた事件の経緯を説明した。

「バスのトランクを開けろ」

「中に子どもを隠しているんだろう」

地元の人々は一行が子どもをさらいに来たと思ったらしい。トランクを開けて、実際に中まで調べたという。その後、一行は救援に駆けつけた国連のバスに乗って現場を離れた。国連はグアテマラ内戦終結後も和平監視のため駐留している。

グアテマラのプレンサ・リブレ紙によると、観光客たちがバスを降りて広場に散り、写真を撮り始めたところ、不意に五百人の群衆が観光客に石や棒きれを投げ始めた。

群衆が最初に襲ったのが死亡した山広哲男さんで、顔を石で砕かれたという。そこから約三百㍍離れた場所でバスの運転手エドガル・カステジャノスさんは石を投げられたうえに体に火をつけられた。バスも投石により一部が破壊された。

事件の通報を受けた現地の警察は人員が十二人しかいないため本部に応援を求めたが、騒乱状態が収まるまでにまる一日かかったという。

山広さんの母と弟は三十日夕、日本を出発し、一日午後にグアテマラ市に入る予定という。

◇

【ロサンゼルス30日＝宮川政明】グアテマラ北西部で日本人観光旅行客約二十人が住民に襲われた事件で、亡くなったのは山広哲男さん(三七)＝本籍、浦和市＝と確認された。ほかにグアテマラ人運転手一人が死亡、日本人二人と現地の警察官二人が負傷した。

朝日新聞記者の電話取材に応じた同国国家警察のファウスティノ・サンチェス報道官によると、日本人観光客らが先住民に近づいた際、まず四人くらいが、「子どもをさらいにきた」と思いこんで叫び声をあげ、周囲の人々が襲いかかったという。同報道官は「子どもが誘拐されるという風評で人々が警戒的になって起きた悲劇だ。反日的な感情が原因ではない」と述べた。騒ぎを扇動した複数の者がいるとして、捜査中だという。

現場は「秘境」といっても観光客も訪れる田舎町の青空市周辺。地元の先住民の人々にとっては、重要な生活・交流の場であり、独特の言語しか使わない人々も多い。

一方、外国人観光客にとっては、民族衣装をまとった先住民が子どもを連れて集まるため、彼らの日常の一端にふれることができる魅力がある。

しかし①トラブルが起きた場合にスペイン語以外の現地語の意思の疎通は難しく②「子どもが盗まれる事件」が続いているという情報が、住民らの反応を先鋭化させて惨事を招いたと警察側はみている。

六年前には、米国人女性が、赤ん坊を盗もうとしたと思われて、地元の人々に殴られ重体になる事件が起きている。

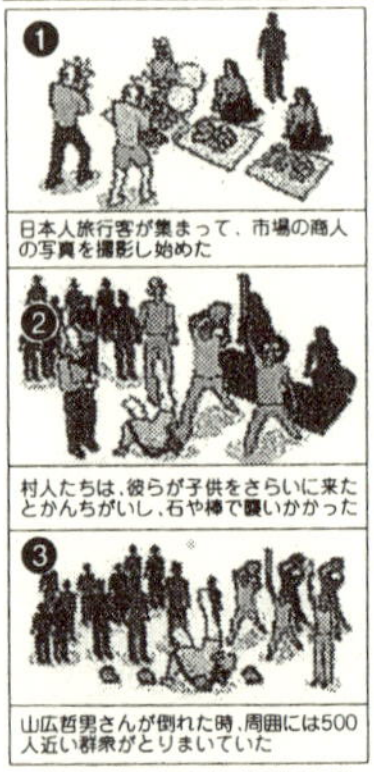

①日本人旅行客が集まって、市場の商人の写真を撮影し始めた

②村人たちは、彼らが子供をさらいに来たとかんちがいし、石や棒で襲いかかった

③山広哲男さんが倒れた時、周囲には500人近い群衆がとりまいていた

（現地のプレンサ・リブレ紙の記事から）

『朝日新聞』2000年5月1日夕刊、グアテマラでの事件の記事

関は、社交性を獲得することだけではないことを示している。それは、わが国の二度にわたる近代化がもたらした、歪んだ外国人観である。

わが国の近代化が、第一回目はイギリスを、第二回目はアメリカを、それぞれモデルにして行われたことはすでに述べた。そのために、イギリスとアメリカは日本よりも文明の発達した国だから、日本よりも優れている、という考えが広まった。ここに、欧米の白人に対する、いわれのない劣等感が生まれた。一方、日本よりも文明の発達していないアジアやアフリカの非白人諸国と諸民族に対する、いわれのない優越感が生まれた。第一回の近代化から一四〇年たった現在でも、この歪んだ外国人観は完全には失くなっていない。

私は一九八〇年代の半ばから断続的に約十年の間、勤務校の女子短大で、毎年約一五〇名の学生を対象に「外国」と「外国人」についての意識調査を行ってきた。それによると、彼らが「外国」として意識している国の上位三つは、つねにアメリカ、イギリス、フランスだった。また、「外国人」を識別する時の肉体的特徴の上位五つは、つねに金髪、青い目、白い肌、高い鼻（または彫りの深い顔立ち）、そして長い脚（または良いプロポーション）

だった。彼らにとって、「外国」とは欧米諸国のことであり、「外国人」とは白人のことなのである。そして、白人とは、右に上げた肉体的特徴が示しているように、わが国で歴史的に、「美しい」または「恰好よい」と考えられてきた属性を持った人々なのである。

このような拝欧米思想または拝白人思想の裏側には、アジアやアフリカの人々を蔑視する気持が隠れている。アジアからの留学生が欧米諸国の白人の留学生にくらべて、下宿を探す時に差別される例は、この二〇年の間に、心ある人々によって何度となく取り上げられている（岩男寿美子・萩原滋『日本で学ぶ留学生』勁草書房、一九九一年。上尾龍介『留学生たちの日本』九州大学出版会、一九八四年。萩田セキ子『文化「鎖国」ニッポンの留学生』学陽書房、一九八六年。以上三著を参照）。一年前にタイから来日した交換留学生のCさんは、日本人の学生は、自分たちのようなアジアからの留学生には声をかけてくれないが、白人の留学生には積極的に声をかけて友だちになっていると言って、日本人の友だちができないと訴えている（『朝日新聞』二〇〇三年七月二一日、「声」）。

数年前に、私の知り合いのある若いアメリカ人夫妻《カップル》が、ＪＥＴプログラムのＡＥＴに応募した。結果は、妻は採用されたが夫は不採用だった。二人の大学時代の成績はともに優秀、人柄も誠実温厚で優劣つけ難いと思われていた。ただ、彼はベトナム系アメリカ人で、彼女はイギリス系白人のアメリカ人だったのである。これが、わが国の国際化を推進するために始められたＪＥＴプログラムの実態なのである。

私は、国際社会の基本理念は、ことばによる相互理解と、相手を対等な世界市民として受け入れる態度だと考えている。第一の理念は対話の精神、第二の理念は友愛の精神、すなわち社交性と言い換えることができる。この二つの理念は相補的である。なぜならば、対等で開けた人間関係のないところに、対話は生まれないからである。このように見てくると、わたしたち日本人にとって国際性獲得が、いかに困難な課題であるかということがわかる。対話を可能にするためには、わたしたちは伝統的な言語観を見直し、伝統的な言語習慣を改めなければならない。そして、国際社会で出会うソトの人々と、愛情と尊敬心を持って、卑屈にも傲慢にもならずに、対等につき合うよう努力しなければならない。わたしたちは、歴史的に身につけてしまった歪んだ外国人観、すなわち人種差別、そして人種逆差別という習慣と決別することが必要である。

4 文化破壊と社会改革

ここまでに私が述べてきたことをまとめると、次のようになるだろう。

これからの日本人のための母語教育は、まず、伝統的な情緒志向を改め、論理志向の方法論で行わなければならない。それは、母語（または母国語）としての英語教育の方法論を参考にして組み立てることが望ましい。次に、それは、他のすべての教科と連携させて行うことが望ましい。そのためには、そのようなカリキュラムをすでに制度化しているイギリスと、部分的に採用しているアメリカの事情を参考にすることができる。そして、日本社会が真の近代化を遂げ、日本人が真に市民化するためには、それを世界に先駆けて行った欧米諸国の社会習慣の長所を学ぶことが必要だ。それには、いま学校で行われている英語の授業を活用するのがよいだろう。

右のような主張は、ふつう、「西欧中心主義」と呼ばれている。西欧文明の基本理念は、個人主義、自由主義、立憲主義、そして人権や平等、法の支配、政教分離、自由市場などの概念である（ハンチントン、サミュエル「文明の衝突」、『中央公論』一九九三年三月号、三六六頁）。これらはいずれも、社会的存在としての人間が、人間らしく生きるために必要な条件である。文明化が、日本よりも早く行われた西欧の社会は、日本社会よりも先に、このような諸権利を人間に与えた社会、すなわち、人間解放を行った社会だということができる。

わが国の近代化は、そのような西欧文明に追いつき追い越せ、というスローガンの下に行われ、その結果、科学技術の進歩という点で、その目標に達したわけである。

明治の開化から一四〇年近くたった今日、世界の構築理論は多様化し、従来の近代化という概念の意味が問い直されている。一九七〇年末に、アメリカの社会学者エズラ・ヴォーゲル氏の『ジャパンアズナンバーワン――アメリカへの教訓』（広中和歌子・木本彰子訳、TBSブリタニカ、一九七九年）が出版されたのを契機に、わが国の近代化を阻止していたはずの、日本企業の家族的経営の方法を学ぶために、欧米の企業家や学者が来日するようになった。

日本にとって、近代化は必ずしも西欧化を意味しなくなった。

このような時代にあっては、右で述べた西欧中心主義は時代錯誤として非難の的になりやすい。しかし、西欧諸国を旅したり、そこである期間を過ごしたことのある日本人が、口をそろえて例証しているように、西欧社会は、公共の精神と友愛の精神が発達した社会である。このことは、西欧諸国では、市民社会の第三の特徴である市民教育がきちんと行われていることを意味している。この点は高く評価されてよいのではないだろうか。

日本人の市民化、すなわち日本のまことの近代化のために英語教育を活用しよう、という私の主張はまた、イデオロギーとしての英語教育を奨励する危険性を孕んでいるとして、一部の人々から非難されるかもしれない。そのような人々は、日本人の「文化的独自性を損わない」ようなやり方で英語教育を行うべきだと主張している（たとえば、斎藤兆史「英語帝国主義は怖い／怖くない」、『現代英語教育』一九九五年三月号、八～一一頁）。ここで問題にされている日本人の文化的独自性とは、《謙虚》《控え目》《協調性》などに代表される同化志向の特性であり、それは、欧米の人々の対立志向の文化的特性とは対照的な諸性質である。このような人々は、日本人が英語を学ぶことによって、英語圏の人々と同じように自己主張したり、議論したりする習慣、すなわちはっきりものを言う習慣を身につけてしまい、謙虚さや協調性を失うのはよくない、と主張しているように見える（アメリカの文化人類学者ディーン・バーンランドが、日本人の文化的特性として“silent”［無口な］と“evasive”［つかみどころのない、またはあいまいな］の二つを挙げていることはすでに述べた。同じコンテクストで彼は、アメリカ人の文化的特性として“self-assertive”［自己主張する］と“talkative”［お喋りな］を挙げている［バーンランド、『日本人の表現構造』六〇〜六一頁］）。日本人の市民化のために、英語教育を通じて、右のような伝統的な日本人の文化的特性を捨てて、それとは対照的なアメリカ人の文化的特性を学び、彼らと同じような言語習慣を身につけるべきだ、という私の主張は、英語話者の「言語使用のイデオロギー」の押しつけに屈服することに他ならない、これはイデオロギーとしての英語教育ではないのか、という疑問を、このような人々は呈している（斎藤、前掲論文）。

さて、ここで明らかにしておかなければならない問題が二つある。それは、イデオロギーとは何かという問題と、文化的特性とは何か、そしてそれは変えることができるか、という問題である。

まず、イデオロギーとは何か、ということを考えてみよう。イデオロギーという語には《観念の学》とか《虚偽の意識》などの意味もあるが、一般的には、「政治または階級的立場の表現としての思想や理論」という意味で使われている（高島善哉『時代に挑む社会科学』岩波書店、一九八六年、二〇五頁）。とくにこのことばは、政治的立場の対立を示唆するコンテクストで使われることが多い。なぜならば、イデオロギーとは、主体性ある個人の、社会に対する関心と興味と利害から生まれるものだからである。政治的立場の対立とは、結局、個人の利害関心の対立なのである（高島善哉「イデオロギーとは何か」、山田秀雄編『市民社会論の構想』新評論、一九九一年、四〇九頁）。だから、イデオロギーとしての英語教育とは、英語民族と英語国が歴史的に取ってきた政治的立場を是認し、これに与《くみ》するような教育だということができる。

私が提唱している英語教育は、そのようなものではない。前章でも述べたように、私は、歴史的に少数民族の言語権を侵害してきた英語民族および英語国の政治的態度を容認する者ではない。そして私が提唱している英語教育は、イエスとノーをはっきり言い、国際社会で、たとえばそのような英米の帝国主義的な政策を批判し、相手と堂々と議論することのできる日本人を育てることを目標にしているのである。この点で、私の主張に対する右のような疑問または批判は、的を外れていると言わなければならない。

次に、文化的特性とは何か、それは変えることができるだろうか、という問題について考えてみよう。家族的構成を持ったわが国の身分社会では、歴史的に、《言挙げ》すなわち、集団内の上位の者に対してはっきりものを言うことは禁じられてきた。《以心伝心》《長いものには巻かれろ》《出る杭は打たれる》そして《上位下達》などの成句は、そのような社会習慣から生まれた。わが国の集団内の秩序は、話し合いによってではなく、命令と服従によって保たれてきたのである。そして、それを可能にしたのは、《控え目》や《謙虚》や《無口》などに代表される、日本人の文化的特性であった。しかしそれらは、集団内のすべての者にではなく、原則として下位の者だけに求められた特性だったと言える。言い換えれば、それらは文化的特性ではなくて、身分社会の人間関係を円滑にするための政治的方便だったのである。

オランダのジャーナリスト、カレル・ヴァン・ウォルフレン氏は、文化には二つの意味があり、その二つを混同してはならない、と述べている。第一の意味は、言語、宗教、文学、芸術などの、ある民族が歴史的に創り上げた「象徴の表出物」という意味であり、第二の意味は、人々が共同体の慣習に従って日常生活の中で行っていること、すなわち「歴史的に継承された行動パターン」という意味である（ウォルフレン／篠原勝訳『人間を幸福にしない日本というシステム』毎日新聞社、一九九四年、二五一～二五二頁）。第二の意味には、言語習慣と、それと相関関係にある共同体の内外における他人とのつき合い方が含まれるだろう。それは、社会体質ということばで言い表すこともできる。文化の二つの意味が混同されると、文化を守ろうとする戦いが現状維持のための戦いとなり、社会改革への提案が文化破壊とみなされると、ウォルフレン氏は警告している（同上）。

今まで述べてきたことからも明らかなように、日本人の市民化のために欧米諸国の社会習慣と彼らの言語習慣を学び、必要に応じてそれを採り入れよう、という私の主張は、社会改革への提案であって、文化破壊を意図するものではない。日本人の情緒的な民族性と、感情の表現手段としてのことばを重視する習慣が生み出した、数々の抒情詩や伝記物語などの文学作品の分野では、日本人の言語表現の特徴であるあいまいさ、すなわちはっきりものを言わない習慣が、その作品を価値ある作品たらしめている。これは、日本民族が歴史的に創り上げた「象徴の表出物」の一つであり、日本人が世界に誇ることのできる文化遺産であることは言うまでもない。

海外の日本研究者の関心は、以前はおもに日本文化であった。新しい世代の日本研究の対象は「日本の制度」に移ってきており、彼らの評価はかつてのように肯定的ではなく、否定的だと言われている（濱口恵俊編著『日本文化は異質か』日本放送出版協会、一九九九年、二七四頁）。ウォルフレン氏の分類に従って言えば、その内容は、文化の第一の意味から第二の意味へ移ってきている、ということではないだろうか。制度とは、ある社会の政治と経済と教育を秩序正しく運営するためのしくみである。そしてそれは、「歴史的に継承された行動パターン」をもとに成文化され、時代の流れとともに変わるもの、あるいは変わらなければならないものである。新世代の日本研究者たちが、日本の制度を否定的に評価しているということは、海外から見た日本国家は、まだ完全な近代国家とはいえない、今やいっそうの近代化を目指して、社会改革が行われなければならない、ということに他ならない。どのような点で、どのように改革されなければならないか。それはこれまでにくり返し述べてきたように、わたしたち日本人が、伝統的な言語観を見直し、伝統的な言語習慣を改善することである。ことばは社会生活になくてはならないものである。社会改革は、ことばの改革と手を携えて行われなければならない。

おわりに

日本のロック音楽には詞《ことば》がない、ことばを音として使っている。こう言って、現代のロック音楽家《ミュージシャン》を批判しているのは、作曲家の小椋佳氏である（『毎日新聞』二〇〇五年一月六日夕刊）。

ロック音楽の発祥地欧米では、事情はかなり違う。私はアメリカ留学中に、クラシック歌曲をはじめ、ロックやフォークのコンサートを何回も聴きに行った。そして、アメリカの聴衆が歌詞をいかに重視しているかを知った。あるドイツ・リート（歌曲）のコンサートでは、彼らは歌詞の英独対訳を熱心に読んでいたし、喫茶店や小ホールで行われるギターやピアノの弾き語りのコンサートでは、歌詞内容にユーモラスな部分があると、演奏中にもかかわらず、聴衆の中から笑い声が起った。アメリカの音楽家たちにとって歌は、意味のあるメッ

イヴァン・リンス（IVAN LINS）は，MPB（música popular brasileira，ブラジル・ポピュラー・ミュージック）界屈指のアーティスト。1977 年の名作『今宵楽しく』（Somos Todos Iguais Nesta Noite）の CD ジャケット（東芝 EMI）

セージであり、彼らにとって歌うことは、一つのテーマについて話をすることと同じなのである。ブラジルのポピュラー音楽家《アーティスト》イヴァン・リンスは、「(私は) 歌で聴衆を説得したい。だから、英語で歌うことはずっと断ってきた」と言って、母語のポルトガル語に固執しつづけた理由を述べている(『朝日新聞』一九八九年七月七日夕刊)し、ロシアのロック音楽家《アーティスト》アレクサンダー・グラツキーは、「歌とはまず言葉。(私は) ロックを通して文学を語っている」と言っている(『毎日新聞』一九九一年四月一七日夕刊)。欧米ではこのように、歌い手と聴き手の間に、ことばによるコミュニケーションが成立している。

『広辞苑』の《ことば》の定義の六番目に、「謡いもの、語りもので、ふしのつかない部分」が挙げられている。この定義によれば、ふしのついた部分はことばではないことになる。わが国の伝統芸能の一つの文楽では、義太夫の伴奏でストーリーが語られるが、その歌詞は大変わかりにくいと言われている。それでも観客のほとんどは、太夫の声の調子や人形の所作などからその内容を推測して、わかったような顔をして見ている。

ことばがたんなる音声としてしか使われず、意味のあるメッセージを何も伝えていない例は他にもある。それは、式典でのスピーチである。入学式や卒業式、結婚式、そして最近では成人式などでの来賓のあいさつがこれに当る。このような場でのスピーチは、ふつう定式化していて、必要以上の美化語や尊敬語や謙譲語を使って話される。内容は理想化され、話し手自身も信じておらず、実行できないようなことが多い。参列者は、内心そう感じながらも、いかにもご尤《もっと》もという顔で、神妙に耳を傾けている。夏目漱石は、一九一一年（明治四四年）に行った「現代日本の開化」という講演の中で、「学者は分つた事を分りにく、言ふもので、素人は分らない事を分つた様に呑込んだ顔をするものだから非難は五分々々である」と言っている（『夏目漱石全集第一一巻』岩波書店、一九六六年、三三六頁）。式典でスピーチをする人は、いわゆる「偉い人」である。学者も、素人からは「偉い人」と思われている。わが国には昔から、「偉い人」の話はむずかしくてわからないことが多い、しかし有難い、と考える人々が少からずいたことがわかる。

私は、留学先のアメリカの大学で、学年始めに新入生を対象に行われる全学集会や卒業式に参列し、学長のスピーチを聴いたことが数回ある。その内容は、ことばのハンディはあったものの、具体的なデータや身近なエピソードに満ちていて、大変わかりやすかった。聴衆はスピーチの最中に、何回も拍手をしたり大声で笑ったりした。スピーチが終ると、全員が立ち上って、大歓声とともに学長を送り出すことがしばしばだった。

わたしたち日本人が、ことばとどのように向き合い、ことばをどのように使っているかということを、歌とスピーチの二点にしぼって、欧米の事情と比較しながら考察してみた。そして、これら二つの表現手段を媒介にして、その送り手と受け手の間に真のコミュニケーションが成り立ち、両者の間に血の通った人間関係が生まれるためには、ことばの語源をロゴスとする欧米の人々の、ことばに対する姿勢とその使い方を学ぶ必要があるのではないかということを、最後にもう一度示唆したつもりである。

《事《こと》の端《は》》から《ロゴス》へ、というテーマに沿って書きすすめて来た本書の底流をなす私の主張は、先にも触れたが、西欧中心主義だとして糾弾されるかもしれない。しかし、それに対抗することのできる代案はまだ出されていない。近代化が行われた社会を「西欧的」

社会と呼び、それがまだ行われていない社会を「アジア的」社会と呼ぶのは、歴史上の便宜的な分類にすぎない（ウォルフレン、前掲書、二七六〜二七七頁）。この呼称が一日も早く過去のものとなって、ロゴス志向の言語習慣が、日本の社会に抵抗なく受け入れられる日が来ることを願っている。

■著 者 紹 介

高島敦子（たかしま・あつこ）　東京生まれ。1959年東京女子大学文学部英米文学科、61年米バッサー大学、63年ニューヨーク大学（修士課程）卒。76〜77年ハーバード大学名誉研究員。2001〜02年同大学客員教授。主著：『これでよいのか英語教育』（新評論、1992年）。主要論文：「〈ことのは〉からロゴスへ——英語教育と日本語教育の接点」（『青山学院女子短期大学紀要44輯』1990年）、「英語教育と価値観の転換」（『思想の科学』1987年2月号）、「言語観の日英比較」（『青山学院女子短期大学紀要37輯』1983年）。

考える人を育てる言語教育——情緒志向の「国語」教育との決別

From EMOTIVE to LOGICAL

2005年7月20日　初版第1刷発行

著者　高島敦子

発行者　武市一幸

発行所　株式会社　新評論

〒169–0051　東京都新宿区西早稲田3–16–28

電話03–3202–7391　FAX 03–3202–5832　振替00160–1–113487

装丁　山田英春

本文印刷　新栄堂　　付物印刷　神谷印刷

製本　清水製本プラス紙工

定価はカバーに表示してあります

落丁・乱丁本はお取り替えします

ISBN 4–7948–0669–8 C 0081

Printed in Japan